CATALOGUE

DE LA

BIBLIOTHÈQUE

DU

COMTE RAOUL DE MONTESSON

TELLE QU'ELLE ÉTAIT EN 1869

1re PARTIE

comprenant les ouvrages qui faisaient encore
partie de la collection après 1869.

LE MANS

TYPOGRAPHIE EDMOND MONNOYER

12, PLACE DES JACOBINS, 12

1880

CATALOGUE

DE LA

BIBLIOTHÈQUE

DU

COMTE RAOUL DE MONTESSON

TELLE QU'ELLE ÉTAIT EN 1869

I^RE PARTIE

Comprenant les ouvrages qui faisaient encore partie de la collection après 1869.

LE MANS
TYPOGRAPHIE EDMOND MONNOYER
12, PLACE DES JACOBINS, 12

1880

La deuxième partie comprendra les livres vendus dans les premiers mois de 1869, *par M. Raoul de Montesson, avant son décès, arrivé le* 23 *avril* 1869.

Ch. de M.

RÉPERTOIRE

CATALOGUE

DE LA

BIBLIOTHÈQUE

DE

Mr RAOUL, COMTE DE MONTESSON

THÉOLOGIE

ECRITURE SAINTE

1. **Biblia Sacra.** — Impressa Lugduni, per Magistrū Johanne Movlin al's de Cābray. Anno salutis M cccc xvj (1516 ou 56), die... Aprilis, in-4, plats en bois, v. bas., mouill., tr. de vers.

   L'abbé B. de Béru (?) a écrit sur le 1er feuillet : « Cette édition ne se trouve point dans la bibliothèque du « Roy. »

   C'est très possible, mais si on en faisait cadeau à la bibliothèque, je ne sais si elle daignerait l'accepter. (M. Potier.)

2. **Cantique des Cantiques,** attribué à Salomon. Trad. de l'hébreu ; accomp. d'une version latine littérale, notes et tradn en vers du XIIIe siècle ; publ. par

Ch. Richelet, du Mans. Paris, Techener, 1843, in-8, pap. chagriné, non rogné. 3 fr. 50

3. **Histoire de l'Ancien et du Nouveau Testament** et des Juifs, pour servir d'introduction à l'Hist. ecclesiastiq. de M^r^ l'abbé Fleury, par R. P. D. Augustin Calmet, de la congrég^n^ de S. Vanne. Paris, Emery, 1719. 2 vol. in-4, dos orné, large marge.

4. **Novum Jesu-Christi Testamentum** Vulgatæ editionis. Parisiis, typ. regia, 1649. 2 vol. in-12.

5. **Studiosis Sanctarum Scripturarum Biblia sacra** in lectiones ad singulos anni dies per legem, Prophetas et Evangelium distributa. Disponebat Renatus Ouvrard (de Chinon), Canonicus Turonensis. Lutetiæ Parisiorum, ap. Carolum Savreux, 1668, in-4, parchem., annotat. manuscrites.

LITURGIE

6. **Les Présentes Heures à l'usaige du Mans**, au long sans riẽs requérir, avec les miracles Nostre-Dame et les figures de l'Apocalypse & des triũphes de César. Simon Vostre (1510). Calend. de 1510 à 1530, in-8, br., initiales mises en couleur à la main ; gravur. et danse.

6 *bis*. **Explication historique**, dogmatique, morale, liturgiq. et canoniq. du catéchisme, par l'abbé A. Guillois, curé du Mans. 7e édition. Le Mans, Jul. Lanier, 1853. 4 vol. in-8, mar. v. antiq., fil. dor.

6 *ter*. **Explication simple, littérale**, et historiq. des cérémonies de l'Église, par Dom Claude de Vert. 2e édit., Paris, Fl. Delaulne, 1706. 4 vol. in-8, bas., dos orné, large marge.

7. **Hymni sacri et novi**. — Auctore Santolio Victorino (Santeuil de Saint-Victor.) Parisiis, apud Dyonisium Thierry, 1689, in-12 bas., dos orné, tr. dor.

8. **Hore intemerate Virginis Mariæ** secundum usum Cenomanensem. — Ces présentes heures à l'usage du Mans furent achevées le XXIXe jour de May lan mil cinq cents par Thielmann Kerver pour Jehan Petit libraire demeurant à Paris. — & pour Pierre Cochery, libraire demeurant au Mans. In-8 goth., 74 ff. non chiff., sign. A-I, av. la marq. de Th. Ker. sur le titre, calend. de 1497-1520, belle édit., dansc, fil. et tr. dor.

9. **Messel romain**, selon le règlement du Concile de Trente, par le sieur de Voisin, prêtre, déd. à S. A. S. Mme la Princesse de Conty. 5 vol. in-12, mar. r., dos orné, tr. et fil. dor. Paris, Siméon Piget, 1661.

Manque le 3e volume.

10. **Missale vetus, XIIe siècle**, à l'usage du diocèse du Mans. Mss. in-8 sur parch. mar. vert antiq.

2 pages remplies par des figures.

10 *bis*. **Missale insignis Ecclesie Cenomanensis.** ..... Parisiis, apud Gulielmum Merlin, in ponte teloneorum ; et Gulielmū Desbois, sub sole aureo, ac Sebastianum Nivellium, sub Ciconijs in via iacobea, 1559.

11. **Paroissien noté en musique** à l'usage du clergé et des fidèles du diocèse de Paris, rédigé par F. Kœnig. Paris, Adr. Leclère, 1854, in-12, br.

12. **Rituel du diocèse du Mans**, publ. par l'autorité de Mgr L. André de Grimaldi, évêque du Mans. Paris, Michel Lambert (Le Mans, Monnoyer), 1775, in-4, bas., dos orné, tr. rouge, large marge.

LIVRES DE PIÉTÉ

13. **Maximes de saint Ignace**, fondateur de la Cie de Jésus, et les Sentimens de S. François Xavier, de la même Cie. Paris, J. Lanier, 1856, petit in-12, br.

14. **Mois de Marie** ou série de méditations sur la vie et les vertus de la Tr. Ste Mère de Dieu, à l'usage des familles et des communautés, par une religieuse irlandaise. Trad. sur la 4e édit. Paris, V. Palmé (le Mans, Monnoyer), 1860, in-12, br.

15. **Petit Traité sur les petites vertus**, extr. et trad. des œuvres du comte abbé Roberti, de la Cie de Jésus, par l'abbé C. Alix. Paris, Julien, 1860, petit in-12, br.

16. **Prières de mai.** — Poésies à la Ste-Vierge, par O. Ducros (de Sixt). Paris, Julien, 1857, in-12, br.

16 *bis*. **Prose** en l'honneur de l'Immaculée Conception

de la Tr.-Ste Vierge. Latin avec plain-chant et franç. Le Mans, Monnoyer, 1861, 3 ff. (1-11), br.

17. **Religion (la) chrétienne** méditée dans le véritable esprit de ses maximes. Paris, Froullé, 1784, 6 vol. pet. in-8, tr. dor.

MÉLANGES

18. **Anecdotes ecclésiastiques,** contenant la police et la discipline de l'Église, les intrigues des évêques de Rome, tirées de l'Hist. du royaume de Naples de Giannone, brûlée à Rome en 1726. Amsterdam, Jean Catuffe, 1738, in-12, bas., tr. rouge.

19. **Alcoran des Cordeliers,** tant en latin qu'en français, c'est-à-dire recueil des plus notables bourdes et blasphèmes de ceux qui ont osé comparer S. François à J.-C. Nouv. édit., figur. par B. Picart. Amsterdam, aux dépens de la Compagnie, 1734, 2 vol. in-12, tr. rouge. 7 fr.

20. **Arbrissello.** — Dissertationes in epislolam contra B. Robertum de Arbrissello, ord. Font-Ebraldensis fundat. sub nomine Goffridi Vindocinensis abbatis. Salmurii, Franciscus Ernon, 1682, in-8, dos orné.

21. **Confessions de saint Augustin,** texte latin et franç., trad^{n} de Mr Léonce de Saporta. Nouv. édit.

revue et corrig. Paris, A. Royer, 1844, in-12, demi-rel. mar. viol., tr. sup. et fil. dor.

22. **Constitutiones** fratrum discalceatorum congregationis S. Eliæ, ordinis beatissimæ Virginis Mariæ de Monte Carmelo. Bruxelles, Franciscus Foppens, 1679, in-12, mar. noir, tr. rouge, 2 fermoirs.

23. **Critique des hypothèses** métaphysiques de Manès, de Pélage, et de l'idéalisme transcendental de St-Augustin, par Barth. Hauréau. Le Mans, Richelet, 1839, in-8 large, br. bleue.

24. **Défense du Christianisme** au point de vue de l'origine apostolique des principales Églises de France, par A. Lepelletier (de la Sarthe). Paris, V. Palmé, 1860, in-8, br. jaune.

25. **Dissertatio in sextum Decalogi** præceptum et supplementum ad Tractatum de Matrimonio, auctore J.-B. Bouvier, episcopo Cenomanense. Decima editº. Parisiis, ap. Mequignon, 1843. — Abrégé d'embryo-

logie sacrée, par le même. Cenomani, Monnoyer. Le tout en 1 vol. in-12, br.

26. **Manuel du clergé** ou examen de l'ouvrage de M. Bouvier, évêque du Mans, par J.-B. Hauréau. Le Mans, 1843, in-8, br. bleue.

26 *bis*. **Lettre à Mr Hauréau** sur sa brochure intitulée Manuel du clergé, p. B. Ulysse Pic. Le Mans, Fleuriot, 1843, in-12, br.

27. **Etudes philosophiques** sur le Christianisme, par Auguste Nicolas. 3e édition, avec lettre du P. Lacordaire. Paris, Aug. Vatou, 1848, 4 vol. in-8, br.

28. **Etudes de philosophie catholique** sur l'art. De la Souffrance et du sentiment religieux dans la tragédie : Œdipe-Roi, Polyeucte, Athalie, par C. Riobé. Le Mans, imp. Monnoyer, 1860, 1 vol. in-8, br. Env. d'aut.

29. **Excommunications.**— Traicté des excommunications et monitoires, par Me Jacques Eveillon, prest.,

chan. de l'Égl. d'Angers. Angers, P. Avril, 1651, 1 vol. in-4.

30. **Instruction (l') des curés,** pour ĩstruire le simple peuple. Il est enioĩct à to^s les curés | vicaires | chapellains | maîtres des escolles dhospitaulx | et autres par tout levesche du Mans : d'avoir avec eulx ce présent livre..... en lyre souvent. Et y a grans pardons en ce faisãt. (François de Luxembourg.) 1 vol. in-8 goth., mar. noir, tr. dorée. (Duru rel.)

A la fin :

Quiconques ici estudiera
Diligẽment et de bon cœur
Ung grant moyen trouver pourra
Pour plaire à Dieu son créateur.

31. **Lettres sur la vie d'un nommé Jésus** selon M. E Renan, par Jean Loyseau, cordonnier. 2e édition. Paris, Ch. Blériot, 1864, 1 vol. in-8, br.

32. **Mendiants**. — Légende dorée des moynes mendiants, par..... Leyden, Jean le Maire, 1608, 1 vol. in-8, parch. 4 fr. 50

33. **Panégyrique de saint François de Salles**,

prononcé le 29 janvier 1850, par l'abbé Stanislas Fouré. 1 vol. in-8, br.

34. **Patavini.** — Historiarum Cœnobii D. Justinæ Patavinæ, libri sex; auctore D. Jacobo Cavacio Patavino. Venetiis, Andrea Muschii, CIↃ. IↃC. VI. (1606) 1 vol. in-4.

35. **Prades (de).** — *Recueil de pièces* concernant la thèse de M. l'abbé de Prades, soutenue en Sorbonne, le 18 novembre 1751, en trois parties. Paris, 1753, 1 vol. in-4, parch.

L'auteur de cette thèse est Yvon (Claude), abbé, né à Mamers en 1714.

Dans le même volume :

1° *Éloge historique du Parlement*, prononcé en octobre 1684. Texte français et latin, avec une suite chronologique des Premiers Présidents. — S. l., 1753.

2° *Relation du miracle* arrivé le 31 may 1725, à Paris, en la personne d'Anne Charlier. Paris, Babuty, 1726.

3° *Consultation de MM. les Avocats du Parlement de Paris*, au sujet de la bulle du 16 juin 1737. Canonisatio B. Vincentii à Paulo. — S. l., 1738.

4° *Lettre de Mme la marquise de ...*, sur la bulle *Unigenitus*. 12 pages.

5° *Mandement de Mgr l'Évêque de Saint-Papoul.* 7 pages. S. l., 1738.

6° *Panégyrique de Saint Charles Borromée*, par l'abbé de La Chambre. Paris, veuve Martin, 1670.

36. **Réfutation des trois dissertations** de M Jean de Launoy contre les Missions apostoliques dans les Gaules, au 1er siècle, par D. Jean Bondonnet, bénédictin de Saint-Vincent du Mans et prieur de Sarcé. Paris, Jean Piot, 1653, 1 vol. in-4.

37. **Saints.** — Vies des Saints, nouvellement écrites par une réunion d'ecclésiastiques et d'écrivains catholiques. Nouv. édition. Paris, Garnier, 1854, ornée de très nombreuses gravures, 2 vol. grand in-8.

38. **Théologie (la) naturelle** de Raymond Sebon, traduite en français par Michel de Montaigne. Dernière édition. Paris, Guillemot, 1611, 1 vol. in-8.

39. **Veterum analectorum** Johannis Mabillonii, Cong. S. Mauri. Luteciæ Parisiorum, Ludovicus Billoine, 1675, édition en 4 vol. in-8. (819 Brunet.) Manque II et III. (Maine.)

40. **Vie (la) de Jésus-Christ** rendue à toute la vérité de ses historiques et divins caractères, par le Docteur Lepelletier (de la Sarthe). Paris, Victor Palmé (Le Mans, Monnoyer), 1864, 1 vol. in-12, br.

PRÉDICTIONS

41. **Livre (le) de toutes les prophéties et prédictions.** Passé, présent, avenir. 3e édition. Paris, Maison (Lyon, Chambet), 1848, 1 vol. in-12, br.

42. **Nostradamus.** — L'Histoire prédite et jugée par Nostradamus, texte de l'édition de 1566. A Lyon, par Pierre Rigaud. — Preuves tirées des auteurs les plus connus, traduction et commentaire par H. Torne-Chavigny. 1er vol. in-4, br. Bordeaux, Lafargue, 1860, 2e vol. in-4 long, br. Bordeaux, veuve Justine Dupuy, 1861.

42 *bis*. — **La Clef de Nostradamus** isagoge, ou introduction au véritable sens des prophéties de ce fameux auteur, avec la critique....., ouvrage très curieux et très utile.....par un Solitaire (abbé Louvicamp). Paris, Pierre Giffart, 1710, in-8. 5 fr.

Ex-libris du duc de Valentinois, bibliothèque de Passy, achepté à l'inventaire de Mr le prince de Talmont.

MORALE

43. **Illusions et réalités** ou régénération des peuples, par A. Lepelletier (de la Sarthe). Paris, Guillaumin (le Mans, Monnoyer), 1858, 1 vol. grand in-8, br. Env. d'aut.

44. **Colonie de Mettray.** — Par le même.

44 *bis*. **Système (du) social.** — Par le même. Paris, Guillaumin (le Mans, Monnoyer), 1855, 2 vol. grand in-8, br. Env. d'aut.

45. **La Bruyère. — Les Caractères** ou mœurs de ce siècle, par La Bruyère. Nouv. édit. collationnée sur celle de 1696. 1 vol. in-8. Paris, Charpentier, 1844.

46. **Ménagier (le) de Paris**, traité de morale et d'économie domestique, composé vers 1393, par un bourgeois parisien, publié pour la première fois par

la Société des biblioph. franç. Paris, Crapelet, 1846, 2 vol. gr. in-8, demi-rel. et coins maroq. marron, fil. et tête dor., non rognés.

Tiré à petit nombre, devenu très rare. 65 fr.

47. **Montaigne.** — **Essais** de Michel de Montaigne avec des notes de tous les commentateurs. Paris, Firmin Didot, 1838, 1 vol. in-4, demi-rel. chagr. rouge, fil. et tr. sup. dor.

48. — **Essais de Michel de Montaigne**, nouv. édit. précédée d'une lettre à M. Villemain sur l'Éloge de Montaigne par P. Christian. 1 vol. in-8. Paris, Victor Lecou, 1846.

49. **Physiologie des passions**, par J.-L. Alibert. Paris, Béchet jeune, 1825, 2 vol. grand in-8, veau rouge, tr. et fil. dor.

Donné par l'auteur à la Marquise de Montesson, 1826.

PHILOSOPHIE

50. **Des Cartes. — Les Méditations** métaphysiques de René Des Cartes, touchant la première philosophie, trad. du latin par le Duc de Luynes, nouvel[t]. divisées par articles, par René Fedé. 3e édit. rev. et corr. Paris, Michel Bobin, 1673, 1 vol. in-4, bas.

51. — **Les Passions de l'âme**, par René Des Cartes. Sur la copie imprimée à Paris. Rouen, Jacq. Besongne, 1651, 1 vol. in-8, bas., avec deux lettres.

52. **Des Cartes.** — Renati Des Cartes **Principia Philosophiæ.** — Amstelodami, apud Johannem Jansonium juniorem, 1656, 1 vol. in-4, portrait et légende; editio ultima, ab auctore recognita.

53. — **Sentimens de M. Des Cartes** touchant l'essence et les propriétés du corps, opposez à la doctrine de l'Église, et conformes aux erreurs de Calvin sur le sujet de l'Eucharistie, avec une dissertation par

Louis de la Ville. Paris, Estienne Michallet, 1680, 1 vol. in-12, bas.

54. **Elémens de la philosophie de Newton**, contenant la métaphysique, la théorie de la lumière et celle du monde, par Mr de Voltaire. Nouv. édition. Londres, 1741, 1 vol. in-8, avec portrait et planches.

55. **Entretiens sur la métaphysique** et sur la religion, par le P. Malebranche, pr. de l'Oratoire, 2e édit. par l'auteur. Rotterdam, Reinier Leers, 1690, 1 vol. in-8.

56. **Logique (la)** ou l'art de penser, 3e édition. Paris, Ch. Saureux, 1668, 1 vol. in-12, bas.

Ex-libris de François le Boindre, conseiller au Mans. 1686.

57. **Logique (la)** ou l'art de penser, « par Arnauld et et Nicole. » 6e édit. Paris, Vve Guill. Desprez, 1709, 1 vol. pet. in-8, bas.

58. **Mélancholie (Traité de la)**, sçavoir si elle est la cause des effets que l'on remarque dans les possédées

de Loudun, par Mr de la Mesnardière. La Flèche, Martin Guyot, 1635, 1 vol. in-4, parchem.

59. **Nature (de la) des Dieux** de Marc. Tull. Cicéron, père de l'éloquence, trad. en français par Guy Le Fèvre de la Boderie. Paris, Abel l'Angelier, 1581, 1 vol. in-4.

60. **Nouveau Système de philosophie** établi sur la nature des choses connues par elles-mêmes. Auquel on a joint un traité de la nature de l'âme et de l'existence de Dieu, par le Sieur L'Advocat. Paris, Nicolas le Breton, 1728, 2 vol. in-12, br.

61. **Pope. — Œuvres diverses** de Pope, traduites de l'anglais. Nouv. édit. avec de très-belles figures en taille-douce. Amsterdam (Paris, Saillant), 1767, 8 vol. pet. in-8, bas., tranche rouge, fil. dor.

L'édit. de 1779, avec gravures, vaut 30 fr.

62. **Recherche (la) de la vérité**, où l'on traite de la nature de l'esprit de l'homme, et de l'usage qu'il doi en faire pour éviter l'erreur dans les sciences, par

François (le P. Mallebranche), 3e édition. Paris, André Pralard, 1678, 2 vol. pet. in-8, bas.

63. — **Trois lettres** de l'auteur de la Recherche de la vérité, touchant la défense de Mr Arnauld contre la réponse au livre des Vrayes et Fausses Idées. Rotterdam, Reinier Leers, 1685, 1 vol. pet. in-8, bas.

64. **Recherches philosophiques** sur les Américains, ou mémoires intéressants pour servir à l'histoire de l'espèce humaine, par Mr de P. (Corneille de Pauw). Nouv. édit. augmentée d'une dissertation critique par Dom Pernety. Berlin, 1771, 3 vol. pet. in-8, bas., tr. rouge. 10 fr.

POLITIQUE

65. **Ancien (Histoire de l') Gouvernement** de la France, par feu M^{r} le comte de Boulainvilliers. La Haye et Amsterdam, Compagnie, 1727, 3 vol. pet. in-8, veau, dos à pet. fers.

66. **Défense (la) du Roy** et de ses Ministres, par le Sieur des Montagnes. Paris, Estienne Richer, 1631, 1 vol. in-8, parchem.

67. **Examen du Discours** publié contre la Maison royale de France et particulièrement contre la branche de Bourbon, sur le reste d'icelle, sur la loy salique, et succession du royaume, par.......... Imprimé nouvellement, 1587, 1 vol. in-8, bas.

Rare.

68. **Illusion (l') libérale**, par Louis Veuillot. Paris, Victor Palmé, 1866, 1 vol. in-8, br.

69. **Mémoires ou Œconomies royales** d'Estat, do-

mestiques, politiques, et militaires de Henry le Grand, par Maximilien de Béthune, duc de Sully. Paris, Louys Billaine, 1663, 7 tomes en 6 vol. in-12, bas., dos à pet. fers.

70. **Recueil de tous les traités** conclus entre les potentats de l'Europe et de tous les mémoires et lettres qui ont servi à la négociation de la paix de Nimègue. Paris, Frédéric Léonard, 1683, 1 vol. in-4, bas., publié par les sieurs Pachan, Paraire, et de Tourmont, principaux commis de Mr de Pomponne.

71. **Recueil général des Estats** tenus en France sous les Rois Ch. VI, Ch. VIII, Ch. IX, Henry III, et Louis XIII, par Toussaints Quinet. Paris, 1651, 1 vol. in-4, bas., fil. dor.

72. **Testament de Charles II**, roy d'Espagne, fait le 2 octobre 1700, et autres pièces politiques. Portrait de Philippe V. Paris, impr. Frédéric Léonard, 1700, 1 vol. in-4, bas., dos à pet. fers.

73. **Testament politique** du Cardinal de Richelieu. Mss. sur papier vergé. 2 vol. in-4, bas.

74. **Théorie des lois politiques** de la Monarchie française, par Mlle de Lézardière. Nouv. édit^n. par le vicomte de Lézardière. Paris, imprimeurs réunis, 1844, 4 vol. in-8, tr. sup. dor., demi-rel. chagr. vert antique, fil. doré. **20 fr.**

JURISPRUDENCE

75. **Arrêt du Conseil d'État**, qui permet aux Nobles de faire le commerce en gros. 30 octobre 1767. Mss. copie, in-4, 10 pages.

75 *bis*. **Édit du Roi** qui permet à toutes personnes de faire le commerce en gros. Mars 1765. Le Mans, Monnoyer, 1765, in-4, sur 1 f.

76. **Code des cabaretiers**, limonadiers et aubergistes. Paris, Josse, 1860, in-12, br.

77. **Code civil** expliqué, 13e édit., par A. Rogron. Paris, Videcoq, 1846, in-12, demi-rel. veau, fil. dor.

78. **Codes** forestier, de la pêche fluviale, de la chasse, et rural, expliqués par A. Rogron. Paris, Videcoq, 1836, in-12, br.

79. **Code de la Noblesse** française ou précis de la législation sur les titres, etc., par un ancien magistrat. Toulon, imprimerie veuve Baume, 1858, in-12, br.

80. **Commentaire** de la loi du 21 mai 1836 sur les chemins vicinaux, par Mr Victor Dumay. Nouv. édit. Dijon, Victor Lagier, 1844, 2 vol. in-8, br.

81. **Corvinus.** — Johannis Arn. Corvini J. C. Enchiridium; seu Institutiones imperiales. Amstelodami, Ludovic et Daniel Elzevier, CIↃ. IↃC. LVII. (1657), in-12, bas., dos à pet. fers.

82. **Coustumes** du duché et bailliage de Touraine, anciens ressorts et enclaves d'icelui, avec les annotations de Maistre Estienne Pallu, sieur de Periers. Tours, Estienne la Tour, à la Bible royale, 1661, pet. in-4, bas., tr. rouge.

83. **Coustumes (Ce sont les)** du pays et conté du Maine publiées par Messeigneurs maistres Thibault Baillet, Président, et Jean Le Lieure, Conseiller, en la Court de Parlement à Paris. Par commission et man-

dement du Roy nostre Sire. — Cy finissent les coustumes du pays & cõte du Maine imprimées à Paris par Gillet Couteau, imprimeur, demourant en la rue des petis champs, pres Sainct Iulian, pour Martin le Saige, greffier de la Seneschaucee du Maine, le premier iour doctobre Lan mil cinq cẽs & neuf. In-8, goth., mar. r., comp., tr. dor. (Koëhler.)

Exemplaire en peau vélin, ayant appartenu à l'un des deux réformateurs Thibault Baillet, dont les armes forment l'enluminure de la première lettre du texte.

Prix de la reliure : 50 fr., total : 100 fr.

84. **Covstvmier (le grãt)** du pays et cõté du Mayne, tres utile et prouffitable a tous practiciẽs, auquel est le texte dicelluy en frãçoys, avec la glose, additions, allegations et concordances : tant du droit canon que civil : composees par scientifique personne Maistre Guillaume Lerouille Dalẽçon : licẽtiez es droictz, inserees et situees en la fin dũg chacun article. — Venundantur Parisiis, in ædibus Frãcisci Regnault; sube signo elephantis in via ad dinum jacobum sitis, 1535. In-fol., goth., titr. encadré, rouge et noir, v. bas.

Exemplaire parfait de conservation.

85. **Déclarations des Rois**, statuts et ordonnances pour les Merciers de la ville du Mans. Le Mans, Fr. Ysambart, 1699, in-8, large, non br., incomplet.

85 *bis*. — *Le même* complet et broché.

86. **Grotius**. — Hugonis Grotii de jure belli ac pacis libri tres, in quibus jus naturæ et gentium : item juris publici præcipua explicantur. Editio secunda, et multis locis auctior. Amsterdami, apud Guilielmum Blaeuw. CIↃ. IↃC. XXXI. In-4, basan.

87. — Le Droit de la guerre et de la paix, par Mr Grotius, divisé en trois livres, etc. Traduction du latin en français par Mr de Courtin. Paris, Arnould Seneuze, 1687, 2 vol. in-4, bas., 1 planche.

88. **Guide du contribuable** par J.-E. Isoard. 9e édit. Paris, librairie du *Petit-Journal*, 1866, in-12, br.

89. **Lettres historiques sur les** fonctions essentielles du Parlement, sur le droit des Pairs, et sur les lois fondamentales du Royaume, en 2 parties, par Le Paige. Amsterdam, 1753, in-8, veau, tr. rouge.

90. **Liber legis Salicæ**. Parisiis, ap. Jacobum

Rézé, 1602, in-12, veau,tr. rouge, dos à pet. fers.

91. **Loi et Ordonnance du Roi** concernant l'indemdemnité des émigrés, des condamnés et des déportés..... pour les départements de la Sarthe et de la Mayenne. Au Mans, Monnoyer, 1825.

92. **Loi sur la police de la chasse**, par Joseph Lavallée et L. Bertrand. Paris, 1844, in-12, br.

93. **Ordonnance de Louis XIV**, roy de France et de Navarre ; édits et déclarations touchant la réformation de la justice.(Aoust 1669.) Paris, libr. associez, 1669, in-4, mar. rouge, tr. dor., fil. et plats dor.

94. **Pouvoir (le) et juridiction** de Messieurs les Connestables et Mareschaux de France, par Trabit, greffier de la Connestablie. Paris, Damien Foucault, 1668, in-4, bas., fleur de lys dor.

95. **Quartorze (les) Codes français.** — Limoges, Chapoulard, 1834, in-12, bas., tr. diverses.

96. **Reiglement pour le faict de la justice** et expédition des causes de la Sénéchaussée du Maine et siège présidial du Mans. Au Mans, Gerv. Olivier, 1636 pet. in-8, rel. parchem.

97. **Tablettes de Thémis.** Paris, Le Gras, 1755, 2 vol. in-12, bas., fil. dor.

98. **Traité de la majorité** de nos Rois et des régences du Royaume. Rouen, C. Ferraud, 1722, 2 vol. in-8, veau comprimé.

99. **Traité de l'usage des fiefs** et autres droits seigneuriaux, par Messire Denis de Salvaing. 3e édition. Avignon, Ch. Giroud, 1731, in-fol., veau, tr. rouge, large marge, pet. fers.

JURISPRUDENCE ECCLÉSIASTIQUE

100. **Avthorité (l') épiscopale** déffendue contre les novvelles entreprises de quelques Réguliers Mendiants du Diocèse d'Angers sur la hiérarchie ecclésiastique, divisée en 4 parties, par François Bornichon, prêtre de la Congrégation de l'Oratoire de Jésus, et curé de St-Michel-du-Tertre, à Angers. Angers, Pierre Avril, 1658, in-8, bas.

101. **Commentaire sur le Traité** des libertez de l'Église Gallicane, de Me Pierre Pithou, advocat en la cour du Parlement. Ensemble trois autres traitez : I. Interdicts ecclésiastiques ; II. Informations sur les évêques. III; Pragmatique sanction de 1439 et Concordats de 1515. Paris, Cramoisy, 1652, in-4.

102. **Commentaire de Mr Dupuy** sur le Traité des libertés de l'Église Gallicane de Me Pierre Pithou. Nouv. édit. par l'abbé Lenglet du Fresnoy. Paris, Jean Musier, 1715, 2 vol. in-4.

103. **Decretum aureum** divi Grationi cui' titul' talis

est: « Incipit concordãtia discordãtiũ canonũ. » Venundantur Parisius in edibus Francisci Regnault, in-12, viell. bas., pet. fers.

104. **Histoire générale** de la naissance et des progrès de la Compagnie de Jésus, où il est prouvé....., par l'abbé Coudrette. 4 vol. in-12, 1761.

105. **Jus Canonicum** (**Arnoldi Corvini**) per aphorismos strictim explicatum. Amstelodami, ex officina Elzeviriana, 1663, in-12.

106. **Pratique (la) de la juridiction** ecclésiastique volontaire, gratieuse, et contentieuse...., divisée en deux parties, par Ducasse. 4e édition. Toulouse, Caranove, 1718, in-4.

107. **Souveraineté (la) Pontificale** selon le droit catholique et le droit européen, par Mgr l'évêque d'Orléans. 2e édition. Paris, J. Lecoffre, 1860, in-4, br.

BELLES - LETTRES

I. LINGUISTIQUE

108. **Art (l') de bien parler** français, par Mr de Latouche. 6e édit. Amsterdam (Leipsig, Merkus), Arkstée, 1747, 2 vol. in-8, bas.

109. **Barrois. — Dactylologie** et langage primitif restitués d'après les monnments, par J. Barrois. Paris, F. Didot, 1850, in-4, cart., demi-rel. parch., non rog.

« Offert par l'auteur à Mr Mazas. »

110. — **Eléments Carlovingiens**, linguistiques et littéraires, par J. Barrois. Paris, Crapelet; J. Renouard, 1846. In-4, demi-rel., mar. rouge, fil. et tr. dor., non rogné. 15 fr.

111. — **Lecture littérale** des hiéroglyphes et des cunéiformes, par J. Barrois. Paris, F. Didot, 1853, in-4, demi-rel. mar. bl., fil. et tr. dor., pet. fers, non rogné.

112. **Dictionnaire analogique** de la langue française, par P. Boissière. In-... Paris, Larousse et Boyer, 1862, avec supplément broché de ... pages. 186..

113. **Dictionnaire comique**, satyrique, critique, burlesque, libre et proverbial, par Philibert-Jos. Le Roux. Nouv. édit. Amsterdam, Zacharie Chastelain, 1750, in-8, veau, tr. rouge, fil. dor.

114. **Dictionnaire étymologique** de la langue française, par M. Ménage. Nouv. édition par A.-F. Jault. Paris, Briasson, 1750, 2 vol. in-fol., veau, fil. dor.

115. **Dictionnaire français-latin.** In-4, vieille bas., pet. fers.

Ex-libris de de Pantigny.

116. **Dictionnaire historique** de la langue française, publié par l'Académie française ; tome Ier. Paris, F. Didot, 1858, in-4, br.

117. **Dictionnarium latino-gallicum** postrema hæc

æditione valdè locupletatum. Lutetiæ, apud Carolum Stephanum, 1552, in-fol., vieil. bas.

118. **Dictionnaire national**, par Bescherelle aîné. Paris, Simon et Garnier, 1851, tiré à 10,000 exempl. 2 vol. grand in-4, demi-rel. veau, fil. dor. 35 fr.

119. **Dictionnaire des rimes**, par Richelet. Nouvelle édition par M. Berthelier. Paris, Nyon, 1762, in-8, bas., tr. rouge.

120. **Dictionnaire universel** françois et latin, vulgairement appelé Dictionnaire de Trévoux. Paris, veuve Delaune et associés, 1743, 6 vol. in-fol., bas., pet. fers.

121. **Supplément** au dictionnaire de Trévoux. Paris, Libraires associés, 1752, in-fol. bas., pet. fers.

122. **Dictionnaire universel** français, par Messire Antoine Furetière, abbé de Chalivoi. 2e édition par

Mr Basnage de Bauval. La Haye, Arnond (Rotterdam, Reinier Leers), 1701, 3 vol. in-fol., bas., p. fers. 15 fr.

123. **Dictionnarium universale** latino-gallicum, ad usum Ser... mi Dombarum Principis, nona éditio. Parisiis, veuve Boudot, 1739, in-8, bas., tr. rouge.

Ex-libris de Belin de Béru.

124. **Dictionnaire du vieux langage** français, dédié à Mgr le Duc d'Aiguillon, par M. Lacombe. Paris, Panckouke, 1766, 2 vol. in-8, veau, tr. rouge, fil. dor.

Vente du Chevalier de B***. 20 fr.

125. **Dites, Ne dites pas**, par Eliçagarray. Paris, Philippart, sans date, pet. in-8, broch.

126. **Etude de philologie** comparée sur l'argot, par Francisque Michel. Paris, F. Didot, 1856, grand in-8, broché. 12 fr.

127. **Excentricités du langage** français, par Lorédan Larchey. 2e édition. Paris, 1861, in-8, br. 4 fr.

128. **Glossarium** mediæ et infimæ latinitatis conditum a Carolo Dufresne, domino du Cange, cum supplementis integris D. P. Carpenterii et additamentis Adelungii et aliorum digessit G. A. L. Henschel. Parisiis, excudebant F. Didot fratres, 1840, 7 vol. in-4, cart., non rogné.

L'édition de 1733, en 6 volumes, avait un supplément en 4 volumes, qui a été fondu dans le nouveau dictionnaire.

129. **Grammaire des grammaires** ou analyse des meilleurs traités sur la langue française, par Ch.-Pierre Girault-Duvivier. 4e édition. Paris, Jouet et Cotelle, 1819, 2 vol. in-8, demi-rel. bas.

130. **Lexicon græco-latinum**, seu epitome thesauri græcæ linguæ, ab Henrico Stephano constructi, quæ hactenus sub nomine Joh. Scapulæ prodiit. Lugdunensem, Ant.Candidum, 1607, in-4, vieil. bas.,fil. dor.

131. **Lexique roman**, ou dictionnaire de la langue des troubadours comparée avec les autres langues de l'Europe, par Mr Raynouard ; publ. par Just. Paquet. Paris, Sylvestre, 1844, 6 vol. grand in-8, br. 40 fr.

132. **Manuel lexique** ou dictionnaire portatif des mots français, par M. l'abbé Prévost. Nouv. édition. Paris, Didot, 1755, 2 vol. in-8, bas., fil. dor.

133. **Noms (les) de baptême** et les prénoms, par Ed.-Léon Scott. Paris, Alex. Houssiaux, 1857, pet. in-8, br.

134. **Proverbes (La Fleur des)** français, recueillis et annotés par M. G. Duplessis. Paris, Passard, 1851, pet. in-12 br.

135. **Proverbes (Quelque Six mille)** et aphorismes usuels à notre âge et aux siècles derniers, par le R. P. Ch. Cahier, de la Compagnie de Jésus. Paris, Julien, Lanier, 1856, in-8, br.

136. **Récréations philologiques** ou recueil de notes pour servir à l'histoire des mots de la langue française, par Fr. Génin. Paris, Chamerot, 1856, 2 vol. in-8, br. 5 fr.

137. **Synonymes français**, leurs différentes significations, et le choix qu'il en faut faire pour parler avec justesse, par l'abbé Girard. Nouv. édition par M. Beauzée. Paris, Le Breton, 1780, 2 vol. in-8, bas., tr. roug.

138. **Vocabulaire universel** latin-français, avec un vocabulaire français-latin. Paris, Guérin, 1754, in-8, bas., tr. rouge, fil. dor.

II. — LANGUES ÉTRANGÈRES

139. **Vocabulaire nouveau** ou dialogues français et breton. Vannes, J.-M. Galles, 1829, in-8, cart.

140. **Le Maître italien** ou la Grammaire de Veneroni, avec un dictionnaire pour les deux langues, le tout revu et corrigé par Charles Placardi. Basle, Jean-Rodolf Tourneisen, 1752, in-8, bas.

141. **Grammaire italienne** élémentaire et raisonnée par D. Martelli. Paris, Lance Eberhart, 1826, in-8, br.

142. **Drami scelti di Pietro** Metastasio, ad uso degli studiosi della lingua italiana. Livorno, presso Glauco Masi, 1820, 2 vol. in-12, demi-rel. veau vert.

III. — LITTÉRATURE

143. **Cent (Les) Nouvelles nouvelles** ; édition rev. sur les textes originaux, par Le Roux de Lincy, 2 vol. in-8. Paris, Paulin, 1841.

144. **Considérations** sur les causes de la grandeur des Romains et de leur décadence..... Amsterdam, Jacq. Desbordes, 1735, pet. in-8, bas., tr. rouge.

Ex-libris de Belin de Béru, 1762.

145. **Contes (les) ou les Nouvelles Récréations** et joyeux devis de Bonaventure des Périers, valet de chambre de la Reine de Navarre, revus et augmentés par (P. L.) Jacob, notice littéraire par Ch. Nodier. Paris, Techener, 1841, in-12, demi-rel. 4 fr. 50

146.— **Les Contes** ou les Nouvelles Récréations et les joyeux devis de Bonaventure des Périers, notes par Ch. Nodier ; bonne édition. Paris, Ch. Gosselin, 1841, in-12, dem. rel. mar. rouge, fil. dor. 4 fr. 50

147. **Contramours : L'Antéros** ou contramour de Messire Baptiste Fulgose, jadis duc de Gennes. Paris, Martin Le Jeune, 1581, petit in-4.

« Legat me quisquis amores,
« Aut metuet dulces, aut experietur amaros. » 10 à 15 fr.

148. **Cornélius Nepos** (qui contra fidem veteris inscriptionis Plinius aut Suetonius appellatur) accuratius et examinatius emaculatus ac cum dominici Machanei commentariis decentibus figuris insignitus. In-8, Bernard Aubri, 1512.

« A l'aventure tout vient à point qui peut attendre. »

149. **Cyrano. — Œuvres comiques**, galantes et littéraires, de Cyrano de Bergerac. Nouv. édition, par (P.-L.) Jacob. Bibliothèque gauloise. Paris, Ad. Delahays, 1858, in-12, toile angl. verte, non rogné. 4 fr.

150. **Dictionnaire** (le) **des Précieuses**, par le Sieur de Somaize. Nouv. édit. par Ch.-L. Livet. Bibliothèque elzevirienne. Paris, P. Jannet, 1856, 2 vol. in-12, toile angl. rouge, non rogné.

151. **Heptaméron** (L') ou histoire des amants fortunés,

nouvelles de la Reine Marguerite de Navarre. Ancien texte publié par Cl. Gruget (1559); revu et corrigé par Jacob. Paris, Ch. Gosselin, 1841, in-8.

152. **Hexaméron rustique** (par Le Vayer de la Mothe). 1671, pet. in-12, non broché. 20 fr.

153. **Historiettes (Les)** de Tallemant des Réaux. 3e édition par MM. Monmerqué et P. Paris. Paris, Techener, 1854. 9 vol. in-8, demi-rel. mar. 24 fr.

154. **Nodier (Charles). — Contes** de la veillée. Paris, Charpentier, 1850, in-8, br.

155. — **Contes fantastiques**. Paris, Charpentier, 1850, in-8, br.

156. — **Nouvelles**. Edition de 1850. Paris, Charpentier, in-8, br.

157. **Nodier (Charles). — Romans.** Paris, Charpentier, 1850, in-8, br.

158. — **Sept (Les) Châteaux** de Bohême, et les Quatre Talismans. Edition illustrée. Paris, Victor Lecou, 1852, in-8, br.

159. — **Souvenirs de Jeunesse.** 5e édition. Paris, Charpentier, 1850, in 8, br.

160. — **Souvenirs de la Révolution** et de l'Empire. 5e édit. Paris, Charpentier, 1850, 2 vol. in-8, br.

161. **Nouveautés critiques**, littéraires et poétiques. Liège, G. Barnabé. 1745, pet. in-8, br.

Ex-libris de M. Lorieux-Ruillé.

162. **Oraisons funèbres**, par Mr Fléchier, abbé de St-Severin. 2e édition. Paris, Sebast. Mabre-Cramoisy, 1676, in-4, veau, pet. fers.

163. **Petit Carême de Massillon**, évêque de Clermont. Paris, F. Denu, 1823, in-12, demi-rel. veau r.

164. **Quintiliani (M. Fabii)**, oratoris eloquentisssimi, institutionum oratorium, Libri XII. Parisiis, Rob. Stephani, 1542, in-4, vielle bas., tr. rouge.

165. **Rabelais (Œuvres de)**. Nouv. édit. par L. (Jacob). Paris, Charpentier, 1847, in-8, tr. et fil. dor., demi-rel. chagr. violet.

166. **Recherches sur Montaigne**, documents inédits recueillis et publiés par le Docteur J.-F. Payen. Paris, Techener, 1856, in-8, br., pap. vergé.

N° 4, offert par l'auteur.

167. **Scarron (Œuvres de Monsieur)**. Nouv. édition, rev., corrig. et augmentée de l'histoire de sa vie et de ses ouvrages, d'un discours sur le style burlesque, etc., en VII volumes pet. in-12, dos et coins mar. r. Amsterdam, J. Wetstein, 1752. 175 fr.

Edition la plus recherchée. Les livres VIII, IX, X, XI, XII, du Virgile Travesti qui forment le 8e volume, portent : à la Haye, 1767. Le tome V de l'édition de 1752, contient déjà deux suites de Scarron, livres VIII à XII ; ce serait donc une nouvelle suite publiée en 1767. (Note de M. Potier.)

167 *bis*. — **Le Romant Comique** de Mr Scarron. Paris, Guill. de Luynes, 1655, in-8, bas. 5 fr.

168. **Tacite**, avec des notes politiques et historiques par Amelot de la Houssaie. Paris, veuve Edme Martin, 1690, 2 vol. pet. in-8, bas.

169. — **C. Cornelii Taciti** quæ exstant opera ; juxta accuratissimam D. Lallemant editionem. Parisiis, apud J. Barbou, 1779, in-8, bas, tr. rouge.

170. — **Œuvres complètes de Tacite**, traduites en français avec introduction et notes par J.-L. Burnouf. Paris, L. Hachette, 1861, in-8, br.

171. **Thrésor des livres d'Amadis** de Gaule, assavoir les harengues, concions, épistres, complaintes, et autres choses les plus excellẽtes. D. E. nouveau, augmenté. A Lyon, par Jean Huguetan, 1571, in-12.

Manque 8 ff. (49-64). L'édit. de 1560, Anvers, vaut 10 fr.

IV. — POLYGRAPHES

172. **Aurelii Prudenti Clementis V. C. opera,** ex postrema doct. virorum recensione. Amstelodami, apud Johann. Jansoniū, anno 1631, pet. in-12, veau, fil. dor.

173. **Bourgeois (Le) poli,** où se voit l'abrégé de divers compliments selon les diverses qualités des personnes, par François Pédoüe. Chartres, Cl. Peigné, 1631, publié à Chartres en 1847, pet. in-8, br.

174. **Eloges (Les)** des hommes savans tirez de l'histoire de Mr de Thou, avec des additions, par Ant. Teissier. 4e édition. Leyde, Théodore Haak, 1715, 4 vol. pet. in-8, bas., tr. rouge, pet. fers.

175. **Explication historique des fables.** 2e édition, par l'abbé Banier. Paris, François Le Breton, 1715, 3 vol. pet. in-8, bas.

176. — **Dictionnaire abrégé de la Fable.** 10e édit., par Mr Chompré. Paris, Saillant, 1766, in-12, bas., fil. dor.

177. **Flosculi historici delibati** nunc delibatiores redditi, Authore Joanne de Bussières, Societatis Jesu. Editio septima, auctior et emendatior. Amstelodami, Elzeviriana, 1678, in-12, bas.

178. **Lettres Juives**, ou correspondance philosophique, historique, et critique, par J.-Bapt. de B..., marquis de... (par le marquis d'Argens). La Haye, Pierre Paupie, 1742, in-8°, bas., portrait de l'auteur.

179. **Moyen (Le) de parvenir**, œuvre contenant...., par Béroalde de Verville ; revu et publié pour la première fois avec un commentaire historique par (Paul-L.) Jacob. Paris, Techener, 1841, 2 vol. in-8. 4 fr. 50.

180. **Ori Appollinis Niliaci**, de sacris Ægyptiorum notis, Ægyptiacè expressis, libri duo, iconibus illustrati et aucti. Nunc primum in latinum ac Gallicum sermonem conversi. — Apologie de Saint-Jean Da-

mascène. Verdun, Marchant, 1573. Le tout en 1 vol. pet. in-8, parchem. Parisiis, apud Galeotum à Prato, 1574. 50 fr.

181. **Patria**, ou la France ancienne et moderne, morale et matérielle; collection encyclopédique par dix-neuf auteurs. Paris, J.-J. Dubochet, 1847, pet. in-8, demi-rel. maroq. violet.

182. **Tours (Les) de Maitre Gonin** (par l'abbé Bordelon, V. Brunet, t. IV, p. 498). 2 tomes en 1 vol. pet. in-8, demi-rel. veau. Amsterdam, Louis Renard, 1713.

183. **Travaux (Les) d'Aristée et d'Amarile** dans Salamine, histoire de ce temps, premièrement composée en grec par Théophraste, et nouvellement traduite en français, par Mélidor. Au Mans, François Olivier, 1618, in-12, rel. parchem.

184. **Scaligeri (Jos. Justi.)** Julii-Cæsaris a Burden Filii, opuscula varia antè hac non edita. Is. Casauboni præfatio. Francofurti, Jacob Fischer, 1612, in-8, parchem.

N° 19014 dans Brunet. 3 fr.

V. — POÉSIE

POÉSIE GRECQUE ET LATINE

185. **Dacier. — Les Poésies d'Anacréon et de Sapho**, traduites de grec en français, par Mme Dacier. Nouv. édit. augmentée de notes latines, par Mr Lefévre. Amsterdam, Paul Marret, 1699, pet. in-8, bas., dos à pet. fers, gravures.

186. — **L'Odyssée d'Homère**, traduite en français par Mme Dacier. Nouv. édition. Paris, G. Martin, 1756, 4 vol. in-8, bas., tr. rouge.

187. **Danielis Heinsii poemata** latina et græca. Editio nova. Amstelodami, editore Nicolao Heinsio, 1649, in-12, bas., dos à pet. fers. 4 fr.

188. **Horatius.** — Cette édition qui est de 1501 est très belle ; la 1re ode manque à l'entier et les huit 1ers vers de la 2e ; plus la moitié de la satyre Ve du 2e livre

manque et les 6e, 7e, 8e, à l'entier dès 1537. In-8, bas., lettres coloriées.

189. **Horace.** — **Les Poésies d'Horace**, traduites en français par Batteux. Paris, Desaint, 1760, 2 vol. in-12, bas., fil. dor.

190. — **Œuvres d'Horace**, traduction nouvelle par M. Ferdinand Collet. Paris, Lefèvre, 1845, pet. in-8.

191. — **Quinti Horatii Flacci opera**, denuo emendata. Amsterodami, apud Joannē Jansonium, anno CIↃ. IↃC. LIII., pet. in-12, parchem.

192. — **Q. Horatii Flacci poëmata.** Alexander Cunningamius. Londini, fratres Vaillant, 1721, 2 vol. in-8, bas., tr. dor. 10 fr.

193. **Métamorphoses d'Ovide**, en rondeaux imprimez et enrichis de figures. Paris, Sébastien Mabre-Cramoisy, 1676, in-4, bas., dos à pet. fers.

Nombreuses figures de Sébast. Leclerq et Chauveau. 30 fr.

194. **Olympiques (les) de Pindare**, traduites en français. Paris et Lyon, Guérin et Delatour, 1754, in-8, bas., tr. rouge.

195. **Virgile**. — Compendium operum Virgilianorum tam oculis quam auribus omnium expositum. Ære hac studio Chrispiani Passæi, chalcographi. — Miroer des œuvres de l'excellent poète Virgile taillez en rames par Crispin de Pas. Ultrajecti Batavorum, ex typographia Hermani Borcuoli, 1612, in-8, carton détruit, gravures. 15 fr.

196. — L'Enéïde de Virgile, traduite en français. In-4, parchem., grav[rs] de Bosse.

197. — Les Œuvres de Virgile, traduites en français, le texte vis-à-vis la traduction, par M[r] l'abbé des Fontaines. Paris, Quillan, père, 1743, 4 vol. pet. in-8, bas., tr. rouge, fil. dor. 15 fr.

Avec les gravures de Cochin, l'exemplaire vaudrait 30 fr.

198. — P. Virgilii Maronis opera. Carolus Ruæus, Soc.

Jesu. Secunda ed. Parisiis, Simon-Benard, 1682, in-4, bas., frontisp. de Cossin. 10 fr.

199. **Virgile.** — P. Virgilii Maronis opera. Carolus Ruæus. Nova ed. Parisiis, apud. H. Barbou, 1805, 3 vol. in-12, bas. 12 fr.

POÉSIE FRANÇAISE DU XIe AU XVe SIÈCLE

200. **Chronique de la Pucelle** ou chronique de Cousinot, suivie de la Chronique normande de P. Cochon, publ. par M. Vallet de Viriville. Paris, Ad. Delahays, 1859, in-12, toile angl. verte, non r. 4 fr.

Bibliothèque gauloise.

201. **Fables inédites** des XIIe, XIIIe et XIVe siècles, et fables de La Fontaine, rapprochées de celles de tous les auteurs qui avaient, avant lui, traité les mêmes sujets, précédées d'une notice sur les fabulistes par A. C. M. Robert, ornées d'un portrait de La Fontaine et de 90 grav. en taille-douce, d'après les mss., et de 4 fac-similés. Paris, Etienne Cabin, 1825, 2 forts vol. in-8, demi-rel. chagrin violet, tranche dorée. Delaunay, rel. 28 fr.

Publication d'un grand intérêt littéraire.

202. **Les Œuvres de François Villon,** avec l'épître de Clément Marot. Paris, Ant. Urb. Coustelier, 1723, pet. in-8, br. 3 fr.

203. **Œuvres complètes de François Villon.** Nouvelle édit. publiée par P. Lacroix (biblioph. Jacob). Paris, P. Jannet, 1854, in-12, toile angl. rouge, non rogné, bibliothèque elzévirienne. 10 fr.

Epuisé et rare.

203 *bis*. **Poésies (les) de Guillaume Coquillart,** official de l'Église de Reims. Paris, Coustelier, 1723, pet. in-8, cart.

204. **Recueil de chants historiques français,** depuis le XIIe jusqu'au XVIIIe siècle, par Le Roux de Lincy. Paris, Ch. Gosselin, 1841, 2 vol. gr. in-12, demi-rel. chagrin rouge, fil. et tr. dor. 8 fr.

Rare.

205. **Recueil de farces,** soties et moralités du XVe siècle, réunies pour la première fois et publ. par P. Lacroix (bibl. Jacob). Paris, Ad. Delahays, 1859, in-12, toile angl. verte, non rogné. 6 fr.

Bibliothèque gauloise.

206. **Richelet.** — Du Baro, mors et vis, conte du

XIIe siècle, publ. par Ch. Richelet. A Paris, chez Techener, 1832, in-8, non br.

N° 28. — Tiré à 29 exemplaires.

207. **Richelet.** — Li Molnier de nemox, conte de la fin du XIe siècle, publ. par Ch. Richelet. Paris, Techener, 1832, in-8, non broch.

N° 28. — Tiré à 29 exemplaires.

208. — Poème de Guillaume Bunel, avec notice par Ch. J. Richelet, publ. au Mans. Se vend à Paris, en la boutique de Techener, 1836, in-8, non br.

Tiré à 29 exempl. — N° 28.

209. **Triumphe (le) des Carmes** (1311), poème du XIVe siècle, publié par Aimé Leroy et Arthur Dinaux. Extrait des archives du Nord. Valenciennes, impr. Prignet, 1834, in-8, broch.

Envoi d'auteur.

210. **Vaux-de-Vire d'Olivier Basselin** et de Jean Lehoux, nouvelle éd., rev. et corrig. par Paul Lacroix

(biblioph. Jacob). Paris, Ad. Delahays, 1858, in-12, toile angl. verte, non rogné.

Bibliothèque gauloise (collection épuisée).

XVIe SIÈCLE

211. **Légende (la) de Maistre Pierre Faifeu**, mise en vers par Charles Bourdigné. Paris, Coustelier, 1723, in-8, br. 5 fr.

212. **Œuvres (les) de Jean Marot**, nouv. éd. Paris, Coustelier, 1723, pet. in-8, br.

213. **Œuvres de Philippe Desportes**, avec une introduction et des notes par Alfred Michiels. Paris, Delahays, 1858, in-12, toile angl. verte, non rogn.

Bibliothèque gauloise.

214. **Oppiani de Venatione** libri IIII, Joanne Bodino Andegavensi interprete. Lutetiæ, apud Michaël Vascosanum, 1555, in-4, parchem.

215. **Poésies (les) de Guillaume Crétin.** Épître de François Charbonnier à la Royne de Navarre. Paris, Coustelier, 1723, in-12, br. 4 fr.

XVIIe SIÈCLE

216. **Clovis ou la France chrestienne**, poème héroïque enrichy de plusieurs figures, par J. Desmarets. Paris, Florentin Lambert, 1661, in-4, bas.

Sur la garde :

« Ne se trouve pas dans la bibliothèque du Roi. » (?) (En tous cas ce n'est pas parce que le livre est rare ; note de M. Potier).

217. **Essais (les) poétiques** d'Antoine de Nervese. 1re éd. Poitiers, Fr. Lucas, 1605. (Rouen, Théod. Reinsart,) pet. in-8, bas., fil. dor. 20 fr.

218. **Fables choisies**, mises en vers par Monsieur de La Fontaine, avec un nouveau commentaire par M. Coste. Paris, 1745, in-12, bas.

L'édition de 1746 est rare et peu commune.

219. **Fables diverses** tirées d'Esope et d'autres divers autheurs, avec une explication nouvelle par R. D. F.

Paris, Frédéric Léonard, 1659, in-4, maroq. rouge, dos à pet. fers, tr. et fil. dor.

220. **Histoire comique** des Etats et Empires de la Lune et du Soleil, par Cyrano de Bergerac, nouv. éd., publ. par P. Lacroix (biblioph. Jacob). Paris, Delahays, 1858, in-12, toile angl. verte, non rog. 4 fr.

Bibliothèque gauloise.

221. **Œuvres de Mr Boileau-Despréaux**, avec des éclaircissements historiques donnez par lui-même, ornées d'un portrait de Boileau. Genève, Brossette Fabri, 1716, 2 vol. in-4, bas., dos à pet. fers.

222. **Œuvres complètes de Boileau-Despréaux**, avec des notes explicatives par M. Amar. Paris, Lefèvre, 1838, in-8.

Lestringant, relieur.

223. **Œuvres (les) de Messire François de Malherbe**, par le sieur de Porchères. Paris, Chappellain, 1630, in-4, bas., dos à pet. fers.

224. **Œuvres complètes de Mathurin Régnier**, publ. par M. Viollet-le-Duc. Paris, Jannet, 1853, in-16, toile angl. rouge, non rogné.

Bibliothèque elzévirienne.

225. **Œuvres complètes de Tabarin**, publ. par Gustave Aventin (Auguste Veinant). Paris, Jannet, 1858, 2 vol. in-16, toile angl. rouge, non rogné.

Bibliothèque elzévirienne.

226. **Paris ridicule et burlesque** au XVIIe siècle. Nouv. éd. par P. Lacroix (Jacob). Paris, Delahays, 1859, in-16, toile angl. verte, non rogné. 5 fr.

Bibliothèque gauloise.

227. **Poésies du Père Saulecque**, chanoine régulier de l'ordre de Ste-Geneviève. Nouv. éd. Genève, Fabry et Barillot, 1732, pet. in-8, br.

XVIIIe SIÈCLE

228. **Chef-d'œuvre (le) d'un inconnu,** poème heuresement découvert . . . . par M. le docteur Chrisostôme Mathanasius. La Haye, 1728, in-12, bas., dos à pet. fers.

229. **Fables nouvelles** dédiées au Roy par M. de la Motte, avec un discours sur la fable. Paris, Dupuis, 1719, in-4, bas., dos à petits fers, figures de Gillot.

230. **Henriade (la),** par Mr de Voltaire, avec les variantes et un essai sur la poésie épique, nouv. éd., préface par Mr Marmontel. Amsterdam, Fr. L'Honoré, 1759, in-8, bas., tr. rouge.

Gravures.

231. **Œuvres de Mr de Campistron,** nouv. éd. publiée par Gourdon de Bacq et René de Bonneval (né au Mans). Paris, Compagnie des libraires, 1750, 3 vol. in-12, veau, tr. ronge.

232. **Poésies diverses du Père du Cerceau.** — Amsterdam, par la Compagnie, 1749, in-8, bas, tr. rouge.

233. **Singe (le) du Parnasse**, pièces fugitives, sérieuses et plaisantes, par un Singe du Mont-Parnasse, S. l., 1784, pet. in-12, br.

234. **Société (la) des Rosati d'Arras** (1778-88), par Arthur Dinaux, 2e éd. Valenciennes, 1000.800.50, in-12, non broch.

Tiré à 25 exemplaires. — Envoi d'auteur.

XIXe SIÈCLE

235. **Chansonnier (le) royaliste**, dédié aux braves de l'armée d'Espagne, par M. de Grandmaison y Bruno. Paris, 1823, in-12, broch.

236. **Chants et Chansons populaires** de la France. Airs notés et accompagnés par Collet. Prem. série, 1843, Delloye, éditeur, Paris, in-   , demi-rel. veau rouge, non rogné.

237. **Notre-Dame de Paris**, par Victor Hugo, 2 tomes en 1 vol. in-8. Paris, Charpentier, 1841, demi-rel. chagrin violet.

POÉSIE ÉTRANGÈRE

238. **Cento Favole morali** de i piu illustri antichi, et moderni autori græci et latini. M. Gio. Mario Verdizotti. In Venetia, apresso Giordano Ziletti, 1577, in-8, bas. 10 fr.

239. **Morgante Maggiore di Luigi Pulci**, nuovamente stampato et corretto per M. Ludovico Domenichi. In Vinegia, apresso Girolamo Scotto, 1545, in-4, mar., fil. et tr. dor. 20 fr.

Edition rare et recherchée.

VI. — THÉATRE

240. **Œuvres complètes de P. Corneille,** suivies des œuvres choisies de Th. Corneille, avec les notes de tous les commentateurs, par ***. Paris, Lefèvre, 1838, 4 vol. in-8.

241. **Œuvres de Mr de Crébillon,** nouv. édit. Paris, Duchesne, 1754, 3 vol. in-12, bas., fil. dor.

242. **Œuvres de Molière,** nouv. éd., augmentée de notes explicatives par Grimarest. Paris, Lefèvre, 1838, 2 vol. in-8.

Lestringant rel.

243. **Œuvres (les) de Monsieur Mont-Fleury,** contenant ses pièces de théâtre représentées par la troupe des comédiens du Roi, à Paris. Amsterdam, Adrian Braakman, 1698, 2 vol. in-12, bas., dos à pet. fers, plus. grav.

L'édition de 1705 vaut 15 fr ; celle de 1775, 4 volumes, vaut 28 fr.

244. **Œuvres complètes de Jean Racine**, avec une notice sur sa vie par M. L. S. Auger. Paris, Lefèvre, 1838, 2 vol. in-8.

Lestringant rel.

245. **Théâtre (le) des Grecs**, par le R. P. Brunoy, nouv. éd. Paris, Libr. associés, 1763, 6 vol. pet. in-8, veau.

VII. — ROMANS

246. **D'un Varlet et de la dame au Baron,** conte du XIVe siècle publié d'après le manuscrit; tiré à 100 exempl. Paris, chez les bibliophiles, 1829, in-8, broché.

247. **Hattigé** ou les amours du roi de Tamaran, nouvelle par S. Brémont. Cologne, à la Sphère, Simon l'Africain, 1676, in-12, non broché.

Rare.

248. **Heure (l') du berger,** reveu, corrigé et augmenté par C. Le Petit, 2e éd. Paris, Jean Ribou, 1662, in-12, parchem.

249. **Histoire d'Aurelio et d'Isabelle,** fille du Roy d'Ecosse, en laquelle est disputé qui baille plus d'occasion d'aimer, l'homme à la femme ou la femme à l'homme ; plus la Déiphine de Léon-Baptiste Albert, qui enseigne d'éviter l'amour mal commencé, traduit

de l'italien en français. Lyon, 1555, pet. in-12, parchemin.

250. **Histoire de Gil Blas de Santillane**, par Lesage, vignettes par Jean Gigoux. Paris, Paulin, 1836, grand in-8.

251. **Histoire du prince Titi.** — A. R., tome II (le premier manque). Paris, veuve Pissot, 1736, in-8, cart., dos parchem.

252. **Jacques Yver**, 1618. Le Printemps d'Iver, in-12, parchem., rongé.

253. **Pasquille nouvelle** sur les amours de Lucas et Claudine, enrichie de plusieurs choses curieuses. Evreux, J. A. Despierres, sans date, in-12, br.

254. **Paul et Virginie**, suivi de la Chaumière Indienne, par Bernardin de Saint-Pierre, éd. miniature. Paris, Masson, fils, 1839, in-12.

255. **Perroniana** et Thuana, Sorberiana et Ménagiana, ou pensées judicieuses, bons mots, rencontres agréables et observations curieuses du Cardinal du Perron et de Mr le Président de Thou....... Cologne, 1694, in-12, bas., 2 pl.

256. **Quentin Durward**, par Walter Scott, traduction de L. Vivien, vignettes de Th. Fragonard, grav. de H. Porret. Paris, Pourrat, s. d. in-8.

HISTOIRE

I. — GÉNÉRALITÉS

257. **Dictionnaire historique**, ou mémoires critiques et littéraires par Prosper Marchand, en deux tomes. La Haye, P. de Hondt, 1758, 1 vol. in-fol., bas., fil. dor., dos à pet. fers.

258. **Dictionnaire historique** portatif, par l'abbé Ladvocat. nouv. éd., corrig. et augment. Paris, veuve Didot, 1760, 2 vol. in-8, bas., fil. dor.

Ex-libris de Belin de Montchâtain, garde du corps du Roi, compagnie de Villeroy.

259. **Dictionnaire historique** (**Le Grand**), ou le mélange curieux de l'histoire sacrée et profane, par Mre Louis Moreri, prêtr., doct.; nouv. éd., rev., corrig. et augm. Paris, J. Vincent, 1732, 6 vol. in-fol., bas.

259 *bis*. — Supplément au Grand Dictionnaire, pour ser-

vir à la dernière éd. de l'an 1732 et aux précédentes. Paris, veuve Lemercier, 1735, 2 vol. in-fol., bas.

259 *ter*. **Dictionnaire-Moréri.** — Nouveau Supplément. Paris, J. Vincent, 1749, 2 vol. in-fol., bas. — En tout, 10 vol. 120 fr.

260. **Dictionnaire portatif** des femmes célèbres, nouv. éd. Paris, Belin, 1788, 2 vol. in-8, veau, tr. rouge.

261. **Discours sur l'histoire universelle,** par Messire Jacq. Bénigne Bossuet, évêque de Meaux, nouv. éd. Paris, Belin, 1803, 2 vol. in-8, bas.

Ex-libris d'Adèle des Roches.

262. **Mémorial de chronologie** généalogique et historique par d'Estrées (l'abbé J.), dédié à Mgr le Dauphin. Paris, Ballard imp., 1752, in-12, maroq. rouge, tr. dor., pet. fers.

— **Mémorial**..... *idem*....., pour l'année 1753. In-12, veau.

— **Mémorial**, pour l'année 1754. In-12, veau, tr. dor.

Il faudrait un tome IV publié en 1765.

— **L'Europe vivante** ou mourante, suite du Mémorial pour 1759. Bruxelles, Fr. Foppens, in-12, veau.

263. **Méthode** pour étudier l'histoire, par l'abbé Lenglet du Fresnoy, nouv. éd., augm. et ornée de cartes géographiques. Paris, P. Gandouin, 1735, 4 vol. in-4, bas.

— Supplément, par le même. Paris, Rollin, 1741, in-4, bas.

264. **Tablettes chronologiques** de l'histoire universelle jusqu'en 1775, par l'abbé Lenglet du Fresnoy, nouv. éd., revue, corrigée, augmentée par J. L. Barbeau de la Bruyère. Paris, de Bure, 1778, 2 vol. in-8, bas., fil. dor.

265. **Tablettes historiques**, généalogiques et chro-

nologiques par Chazot de Nantigny. Paris, Le Gras, 1749-57, 8 vol. pet. in-12, bas., fil. dor.

Collection complète, fort rare.

II. — HISTOIRE DES RELIGIONS

266. **Clément XIII et Clément XIV**, par le P. de Ravignan, de la Compagnie de Jésus. Paris, Julien-Lanier, 1854, in-4, broch.

267. **Concilium apud civitatem Andegavensem.** — 1448-16 Julii. — Jean d'Hierrai, évêque du Mans, 5 ff. in-8, parchem.

— Deux transcriptions manuscrites par le comte Raoul de Montesson.

268. **Convention (la) du 15 septembre** et l'Encyclique du 8 décembre, par Mgr l'évêque d'Orléans. Paris, Ch. Douniol, 1865, in-8, br.

269. **Crétineau-Joly. — Clément XIV et les Jésuites**, par J. Crétineau-Joly. Paris, Mellier, 1847, in-4, br., un fac-similé.

270. **Crétineau-Joly. — Défense de Clément XIV** et réponse à l'abbé Gioberti, par J. Crétineau-Joly. Paris, Mellier, 1847 (Lyon, Guyot), 1 vol. in-8, br.

271. — **L'Église romaine** en face de la Révolution, par J. Crétineau-Joly ; ouvrage composé sur documents inédits et orné de portraits par Staal. Paris, H. Plon, 1859, 2 vol. in-8, br.

272. **Essai de l'histoire monastique d'Orient**, par Louis Butteau, de la congrég. de Saint-Maur. Paris, L. Billaine, 1680, in-8, bas.

Contenant 4 livres et une table chronologique.

273. **Gallia Christiana**, tomum quartum decimum, ubi de Provincia Turonensi agitur, condidit Barth. Hauréau. Parisiis, F. Didot, 1856, in-fol.

274. **Géographie (la) des Légendes**, ou table géographique des noms de provinces, villes et autres lieux qui se rencontrent dans les Légendes des Saints, les Martyrologes. . . . .
en latin et en français, avec leur position. Nouv. éd.,

avec une table française des mêmes noms, par l'abbé Jouanneau. Paris, J. Th. Hérissant, 1743, pet. in-8, parchem.

Annotations manuscrites du comte Raoul de Montesson.

275. **Historia** aliquot nostri sæculi Martyrum Angliæ cum pia, tum lectu jucunda, nunquam ante hac typis excusa. Anno 1550, pet. in-4, parchem.

276. **Histoire du concile de Constance** . . . . par J. Lenfant, nouv. éd. par l'auteur. Amsterdam, P. Humbert, 1727, 2 vol. in-4, bas.

Avec portraits.

277. **Histoire du concile de Pise** et de ce qui s'est passé de plus mémorable depuis ce concile jusqu'au concile de Constance, par J. Lenfant. Utrecht, Corn. Guill. Lefèvre, 1731, 2 vol. in-4.

Avec portraits.

278. **Histoire du concile de Trente,** écrite en italien par Fra Paolo Sarpi, et traduite en français par P. Fr. Le Courayer. Amsterdam, J. Wetstein, 1736, 2 vol. in-4.

279. **Histoire critique des dogmes** et des cultes bons et mauvais qui ont été dans l'Église, depuis Adam jusqu'à Jésus-Christ, par M. Jurieu. Amsterdam, Fr. L'Honoré, 1704, in-4.

280. **Histoire du formulaire** qu'on a fait signer en France et de la paix que le pape Clément IX a rendue à cette Église en 1668. Lille, 1692.

— Mémoire sur l'appel contre la Constitution *Unigenitus*, 3e éd., 1717.

— Acte d'appel interjeté le 1er mars 1717, par NN. SS. les Évêques de ***, de la Constitution *Unigenitus*, en français et en latin, sur deux colonnes.

281. **Histoire de la guerre des Hussites** et du concile de Basle, par J. Lenfant, enrichie de portraits. Utrecht, C. G. Lefebvre, 1731, 2 tomes en 1 vol. in-4.

282. **Histoire des Juifs**, écrite par Flavius Joseph, sous le titre de Antiquités Judaïques ; traduit sur

l'original grec, revu sur divers manuscrits par M. Arnaud d'Andilly. — Suivant la copie imprimée à Paris. Bruxelles, Eug. H. Fricx, 1676, 5 vol. in-12, parchem.

Se joint à la collection des Elzeviers.

283. **Histoire littéraire de saint Bernard**, abbé de Clairvaux, et de Pierre le Vénérable, abbé de Cluni ; qui peut servir de supplément au XIIe siècle de l' « histoire littéraire de la France, » par don Clémencet. Paris, veuve Desaint, 1773, in-4, bas.

284. **Histoire du peuple de Dieu**, depuis son origine jusqu'à la naissance du Messie, par le P. Is. Jos. Berruyer, de la Compagnie de Jésus. Paris, Knapen, 1728, 7 vol. in-4.

285. **Histoire du peuple de Dieu**, depuis la naissance du Messie jusqu'à la fin de la Synagogue, par Is. Jos. Berruyer, de la Compagnie de Jésus. La Haye, Neaulme, 1755, 4 vol. in-4, contenant 21 livres.

286. **Histoire religieuse**, politique et littéraire, de la Compagnie de Jésus, composée sur les documents iné-

dits et authentiques, par J. Crétineau-Joly. Ouvrage orné de portraits et de fac-similés. Paris, P. Mellier 1845 (Lyon, Guyot), 1845, 6 vol. in-8, br.

Le 6e précédé d'une introduction de l'auteur.

287. **Lettres (les) de Messire Paul de Foix**, archevêque de Toulouse et ambassadeur pour le Roi auprès du Pape Grégoire XIII, écrites au Roi Henri III. Paris, Chapellain, 1628, in-4, parchem.

288. **Provinciales (les)** ou lettres écrites par Louis de Montalte (Pascal) à un provincial de ses amis, avec les notes de G. Wendrock ; traduites en français sur la 5e éd. de 1660..... 1699, 3 vol. in-12, bas.

289. **Recueil des actes**, titres et mémoires concernant les affaires du Clergé de France, divisé en 12 tomes. Paris, G. Desprez, 1768-71, 12 vol. in-4.

290. **Recueil** . . . . contenant les cahiers, remontrances et harangues présentés aux Rois et Reines par le Clergé de France, formant le 13e tome. In-4, 1771.

291. **Abrégé du Recueil** . . . . ou table raisonnée en forme de précis des matières, formant le 14e tome. In-4, 2e éd., augmentée. Paris, Desprez, 1771.

292. **Rome** en 1848-49-50. Correspondance d'un officier français de l'armée expéditionnaire d'Italie, publiée par l'abbé T. Boulangé. Limoges, Barbou, 1851, 2 vol. in-8, broch.

2 gravures.

III. — HISTOIRE ANCIENNE

293. **Dares Phrigius** de excidio Troie, cum figuris. Denundantur Parrhisiis, a Petro Gaudoul, in clauso Brunello, sub signo divi Cyrici. 1527, in-8.

294. **De Veteribus Ægyptiorum Ritibus**; auctore Joanne-Baptista Casalio Romano. Romæ, Andrea Phaei, 1644, in-4, parch., planches.

Ex-libris de Seignelai, 1692.

295. **Galerie chronologique** et pittoresque de l'histoire ancienne par O. Perron, du Finistère, gravures par Normand, texte par A. Bouet, notice par A. Duval. Paris, Isid. Perron, 1848, in-fol., cart.

296. **Histoire abrégée des Empereurs** romains et grecs, des Impératrices, des Césars, des Tyrans, et des personnes des familles Impériales pour lesquelles on a frappé des médailles, depuis Pompée jusqu'à la prise de Constantinople par les Turcs ; par M. Beauvais. Paris, de Bure, 1767, 3 vol. in-12, bas., pet. fers.

297. **Histoire ancienne des Egyptiens**, Carthaginois, ... par M. Rollin. Paris, veuve Estienne, 1740, 6 vol. in-8, veau, tr. rouge, large marge.

298. **Histoire Romaine** depuis la fondation de Rome jusqu'à la bataille d'Actium, commencée par M. Rollin et continuée par M. Crevier. Paris, veuve Estienne, 1752, 8 vol. in-4, bas.

299. **Histoire de l'Empire d'Occident**, de la traduction de M. Cousin. Paris, R. Pepie, 1689, 2 vol. in-12, bas., dos à pet. fers.

Rare, B...

300. **Histoire universelle** de Diodore de Sicile, traduite en français par M. l'abbé Terasson. Paris, de Bure, 1737, 6 volumes in-12, bas., dos à petit fers.

Il faudrait 7 volumes.

IV. — HISTOIRE DE FRANCE

301. **Abrégé chronologique** de l'histoire de France depuis Clovis jusqu'à la mort de Louis XIV, par le président Hénault; continué jusqu'aux événements de 1830, par M. Michaud. 3e éditn. Paris, Proux, 1842, gr. in-8, broch.

302. **Abrégé (Nouvel) chronologique** de l'histoire de France, 5e éditn, rev., corr. et augment., par le Président Hénault. Paris, Prault, 1756, 2 vol. in-8, bas.

Lettre et envoi d'auteur à l'abbé Belin, notes manuscrites de celui-ci. Eloge de l'auteur extrait du *Mercure de France*, décembre 1770.

303. **Abrégé (Nouvel) chronologique** de l'histoire de France depuis Clovis jusqu'à Louis XIV, par Hénault, 7e éditn, rev. et corrigée. Paris, Prault, 1765, 2 vol. in-8, bas., pet. fers.

304. **Campagnes du Corps** sous les ordres de son

A. S. Mgr le Prince de Condé, par le marquis d'Ecquevilly. Paris, Le Normant, 1818, 3 vol. in-8, demi-rel. chagr., fil. dor.

305. **Chroniques (le Premier Volume des Grandes) de France**, selon que elles sont conservées en l'église de Saint-Denis, en France. Publiées par Mr Paulin Paris. Paris, Techener, 1836, in-fol.

306. **Chronologie Septenaire** de l'histoire de la paix entre les roys de France et d'Espagne (1598-1604) ; en sept livres. Dernière éditn par P. Victor Palma Cayet, du collège royal de Navarre, 1605. Paris, J. Richer, 1609, in-8, chagrin noir, fil. dor.

307. **Cinq-Mars** ou une Conjuration sous Louis XIII, par le comte A. de Vigny (de Loches), 9e éditn avec discours, réflexions et documents. Paris, Charpentier, 1846, in-8.

308. **Dictionnaire historique et géographique de la province de Bretagne**, dédié à la nation Bretonne, par Ogée, ingénieur-géographe de cette pro-

vince. Nouv. édit^{n} rev. et augment. par MM. A. Marteville et P. Varin. Collaborateurs : MM. de Blois, Ducrest de Villeneuve, Guépin, de Nantes, et Lehuérou. Rennes, Molliex, 1843-53. 2 vol. gr. in-8, demi-rel. chagr., tr. dor. 24 fr.

309. **Essais historiques** sur Paris, de Mr de Saint-Foix, 4e édit^{n}, rev., corrig. et augmentée. Paris, veuve Duchesne, 1766. 5 volumes in-12, bas., fil. dor.

310. **France (la) avant César**, par Le Marin de Tyr. publiée par l'abbé Voisin. Le Mans, ... in-4, broché. 2 fr.

311. **France militaire**, histoire des armées françaises de terre et de mer, de 1792 à 1833. Rev. et publié par A. Hugo. Paris, Delloye, 1833-1838, 5 vol. in-4, demi-rel. veau.

Très nombreuses gravures.

312. **Gregorii Turonensis episcopi** historiæ Fran-

corum, libri decem. Parisiis, P. Chevalerii, 1610, in-8.

Ex-libris Laurent Bochelli. Ensemble l'histoire de Gauffredi, duc de Normandie, et comte d'Anjou.

313. **Histoire de l'Académie** Royale des Inscriptions et Belles-Lettres, depuis son établissement jusqu'à présent. Paris, impr. Royale, 1736, 41 vol. in-4, veau, tr. rouge, large marge.

Le 33e vol. (1770) est la table des précédents ; les 34e et suivants comprennent l'hist. de l'Académie de 1764-1776.

Voir n° 30291 dans Brunet ; il manque les tomes XLII à L, plus la table. Vérifier les articles de l'abbé Garnier, manceau.

314. **Histoire des Comtes de Champagne** et de Brie (par R. M. Le Pelletier). Paris, Huart et Moreau, 1753, 2 vol. in-12, veau, tr. rouge.

315. **Histoire critique de l'établissement des Bretons** dans les Gaules, par M. l'abbé de Vertot. Paris, Fr. Barois, 1720, 2 vol. in-12, bas., dos à pet. fers.

316. **Histoire critique de l'établissement de la**

Monarchie française dans les Gaules par l'abbé Dubos. Paris, Osmon, 1734, 3 vol. in-4, bas., carte.

317. **Histoire des démeslez du Pape Boniface VIII** avec Philippe-le-Bel, Roi de France, par feu Adrien Baillet. Paris, Flor. Delaulne, 1718, in-8, bas.

318. **Histoire de l'exécution de Cabrières et de Mérindol** et d'autres lieux de Provence. Plaidoyé (1551) par Jacques Aubery, manceau, publié par Louis Aubery du Maurier. Paris, Cramoisy, 1645, in-4, bas.

319. **Histoire des plus illustres favoris** anciens et modernes recueillie par Mr Pierre Du Puy..., avec un Journal de ce qui s'est passé à la mort du Maréchal d'Ancre. Paris, sur l'Imprimé à Leyde, Jean Elzevier, CIↃ. IↃC. LXI, in-12, veau, tr. rouge.

320. **Histoire de France** du sieur de Mézerai. Nouv. éditn. Paris, D. Thierry, 1685, 3 vol. in-fol., veau, fil. et dos dor., large marge. *Armes des Pomponne de Bellièvre.*

321. — **Abrégé chronologique** ou extrait de l'Histoire de France, par le sieur de Mézerai. Paris, D. Thierry, 1690, 3 vol. in-4, bas., portr.

322. — **Observations critiques** sur l'histoire de France écrite par Mézerai. (« Par de Lescouvel Breton. » Note de l'abbé Belin (?).) Paris, J. Musier, 1700, in-12, bas., dos à pet. fers.

323. **Histoire de France** depuis l'établissement de la monarchie jusqu'à Louis XIV, par MM. Velly (abé), Villaret et Garnier (abbé, né à Gorron, Maine), continuée par Fantin des Odoards, 1816. Paris, S. Nyon et Desaint, 1770-86. 17 vol. in-4, bas.

Portraits.

324. **Histoire des Français des divers états**, ou histoire de France aux cinq derniers siècles, par A.-A. Monteil, 4e édn, avec notice de Jules Janin. Paris, V. Lecou, 1853, 5 vol. in-8, broch. 24 fr.

325. **Histoire de François Ier**, Mss. 3 vol. in-4, bas.

326. **Histoire de Louis de Bourbon**, prince de Condé, et 1er prince du sang, contenant ce qui s'est passé en Europe de 1640-86, par Mr Coste, 3e éd[n], en 2 tomes rev., corrig. et augmentée par l'auteur. La Haye, J. Neaulme, 1748, in-4. bas.

Portraits, armoiries et initiales sur les plats.

327. **Histoire des trois derniers princes de la Maison de Condé**, par J. Crétineau-Joly. Paris, Amyot, 1867, 2 vol. in-8, broch. 8 fr.

Portraits par Baudran.

328. **Histoire du pays et Duché du Nivernois**, par Me Guy Coquille, sieur de Romenay. Paris, Cramoisy, 1622, in-4, bas.

Ex-libris de Jean Trochon, du Mans.

329. **Histoire des Rois de Sicile** et de Naples, des Maisons d'Anjou, par des Noulis. Paris, P. A. Le Mercier, 1707, in-4, bas., dos à pet. fers, portraits. 10 fr.

330. **Inventaire général** de l'histoire de France, de Pharamond à Louis XIII, par Jean de Serres,

dernière édn. Paris, L. Giffart, 1620, 6 vol. in-8, bas., fil. dor.

331. **Mélanges historiques**, par Mr Colomiez, Orange, J. Rousseau, 1675, in-12, bas.

Rare.

332. **Mazas. — Cours d'Histoire de France**, depuis les temps antiques de la Gaule jusqu'à 1814, par Alex. Mazas, 4e édn. Paris, Lecoffre, 1847, 4 vol. in-8, demi-rel. veau, fil. et tr. dor.

333. — **Histoire de l'Ordre Royal et Militaire de St-Louis** (1693-1830), par Alex. Mazas, terminée par Théod. Anne, 2e édn. Paris, Didot, 1860, 3 vol. gr. in-8, demi-rel. maroq. bleu, fil. et tr. dor., dos à petits fers, non rognés. 15 fr.

334. — **Les Hommes illustres de l'Orient**, par A. Mazas. Paris, Lecoffre (Lyon, Allard), 1847, 2 vol. in-8, dem.-reliure veau, fil. et tr. dor.

335. — **La Légion d'Honneur**, institution, splendeur,

curiosités, par A. Mazas. Paris, Dentu, 1854, in-8, demi-rel. veau, fil. et tr. dor.

336.— **Mémoires** pour servir à l'histoire de la Révolution de 1830, par A. Mazas, 2e édn. Paris, U. Canel, 1833, in-8, demi-rel. veau, fil. et tr. dor.

337. — **Vies des grands Capitaines français** du Moyen âge, par A. Mazas, 3e édn. Paris, Lecoffre, 1845, 5 vol. in-8, demi-rel. maroq. violet, fil. et tr. dor., pet. fers.

338. **Monuments (les) de la Monarchie française** qui comprennent l'histoire de France, avec les figures de chaque règne, ... par R. P. Dom Bernard de Montfaucon, de la congrégation de Saint-Maur. Paris, Gandouin, 1729, 5 vol. in-fol., veau, tr. rouge, fil. dor.

339. **Procès de Louis XVI**, Roi de France, suivi des procès de Marie-Antoinette, de Madame Elisabeth et du duc d'Orléans, avec figures. Paris, Lerouge, 1798, publié en 1814, 2 vol. in-8, cart.

340. **Recueil des Roys de France**, leur couronne et maison, par Jean du Tillet. Paris, Mettayer, 1618, in-4, bas., dos à pet. fers.

341. **Relation des campagnes de Rocroy et de Fribourg** (1643-4), par Henri Bessé de La Chapelle. Paris, François Clovsier et Pierre Aubovin, 1673, in-12, non broch. 6 fr.

Rare.

342. **Vray (le) Childebrand** ou response au traité injurieux de M. Chifflet, médecin du Roy d'Espagne, par un bon François (Ch. de Combault d'Auteuil). Paris, Lamy, 1659, in-8, bas., dos orné, large marge.

V. — HISTOIRE CONTEMPORAINE

343. **Bulletins de la République,** émanés du ministère de l'intérieur, 13 mars-6 mai 1848. Paris, in-12, broch.

344. **Constitution de la République** française, d'après le texte officiel. In-12, br.

345. **Dieu le veut,** par le vicomte d'Arlincourt, 9e édn. Paris, Garnier, 1848, in-12, broch.

346. **Guide impartial des électeurs.** Élections du 13 mai 1849. Paris, avril 1849, in-8, broch.

347. **Montagnards (les) de 1848**; encore 4 nouveaux chapitres précédés d'une réponse à Caussidière et autres démocs-socs, par A. Chenu. Paris, Giraud, 1850, in-8, broch.

348. **Mystères de l'Hôtel-de-Ville.** Révélations de Drevet, père, président des délégués du peuple, Février 1848. 2e édn. Paris, 1850, in-8, broch.

349. **Petit Manuel du paysan électeur**, en forme de dialogues. Paris, Ledoyen, 1849, in-12, broch.

350. **Vérité (la) aux ouvriers**, aux paysans, aux soldats, par Théod. Muret. Rouen, Mégard, 1849, in-12, broch.

351. **Visite (une) à Mgr le duc de Bordeaux**, par Ch. Didier. Paris, Lévy, 1849, in-8, broch.

VI. — HISTOIRE DES PAYS ÉTRANGERS

ANGLETERRE

352. **Histoire de la conquête de l'Angleterre** par les Normands, par A. Thierry. 5e édit^{n}. Paris, Tessier, 1838, 4 vol. in-8. Atlas de 1839.

353. **Histoire du règne de Henry VII**, roy d'Angleterre, traduite de l'anglais de Messire Bacon, par La Tour d'Hotman. Paris, Rocolet, 1627, in-8, bas., dos à pet. fers.

354. **Histoire des Révolutions d'Angleterre**, depuis le commencement de la Monarchie, par le P. d'Orléans, de la Cie de Jésus. Nouv. édit^{n} corrig. et ornée de figures. Paris, Rollin, 1737, 4 vol. in-12, bas., dos à pet. fers.

Armes de Mr Hérisson de Villiers et autographe.

355. **Révolutions d'Angleterre**, depuis la mort du

protecteur Olivier jusques au rétablissement du Roi, par de Bordeaux. Paris, Barbin, 1670, in-8, bas., dos orné.

Ex-dono authori.

356. **Vie (la) d'Élisabeth, reine d'Angleterre**, traduite de l'italien de Grégoire Leti. Londres, à la Compagnie, 1743, 2 vol. in-12, bas., dos à pet. fers.

De la bibliothèque de l'abbé Belin, 1784.

---

357. **Chine (Histoire universelle de la)**, par le P. Alvarez Semedo; avec l'histoire de la guerre des Tartares, par le P. Martin Martini. Lyon, Hiérosme Prost, 1667, in-4, bas.

---

358. **Empire turc — Histoire de Barbarie** et de ses corsaires, par le R. P. Pierre Dan, supérieur du couvent de la Sainte-Trinité. Paris, Rocolet, 1637, in-8, parchem.

359 .— **Histoire de l'Empire ottoman**, où se voyent les causes de son agrandissement et de sa décadence, avec des notes très instructives, par S. A. S. Démétrius Cantimir, prince de Moldavie; traduite en français par M. de Joncquières. Paris, Barrois, 1743, 2 tom. en 1 vol. in-4, veau, pet. fers.

---

360. **Italie — Sacco di Roma** dell'anno 1527. Colonia. Adami Florentin, 1756, in-8, bas., tranche rouge.

---

361. **Pérou — Histoire des Incas**, rois du Pérou, nouvellement traduit de l'espagnol de Garcilasso de La Véga. Paris, Prault, 1744, 2 vol. pet. in-8, bas., dos à pet. fers.

Portr. et planches.

---

362. **Suisse — Histoire du Sonderbund**, par J. Crétineau-Joly. Paris, Plon, 1850, 2 volumes in-8, broch.

3**

VII. — MÉLANGES HISTORIQUES

363. **Almanach de Versailles,** année 1778. Chez Blaizot, rue Satory, in-12, broch.

364. **Description historique des curiosités de l'Église de Paris**, par C. P. G. (l'abbé de Montjoie, chanoine de Paris) ; orné de figures. Paris, Guelfier, 1763, in-12.

365. **Jérôme Paturot** à la recherche de la meilleure des républiques, par L. Reybaud. Paris, Lévy, 1848, 4 vol. in-8, broch.

366. **Liste des Représentants** du peuple, membre des deux Conseils, au premier prairial an V. Paris, imprim. Nationale, an VI, in-12, broch.

367. **Sérail (Histoire générale du)** et de la cour du

Grand-Seigneur, Empereur des Turcs. Et histoire de la cour du Roi de Chine, par le sieur Michel Baudier, de Languedoc. Paris, Cl. Cramoisy, 1624, in-4, parchem.

368. **Turcs** (**Mœurs et usages des**), leur religion, leur gouvernement civil, militaire et politique, avec un abrégé de l'histoire ottomane, par M. Guer. Paris, Coustelier, 1746, 2 vol. in-4, veau, tr. rouge, gravures de Boucher.

VIII. — HISTOIRE DE LA CHEVALERIE

369. **Cérémonies des gages de bataille,** selon les Constitutions du bon Roi Philippe de France. D'après le mss. de la bibliothèque du Roi, par Crapelet, imprimeur. Paris, Renouard, 1830, gr. in-8.

Exemplaire du comte de la Bédoyère, en grand papier de Hollande, avec miniatures sur vélin.

370. **Histoire des Chevaliers hospitaliers** de Saint-Jean de Jérusalem, appellés depuis Chevaliers de Rhodes, et aujourd'hui Chevaliers de Malte, par l'abbé de Vertot, nouv. édit^{n}. Paris, Babuty, 1753, ... vol. in-12, veau.

Il faut 7 volumes.

371. **Histoire des religions** ou ordres militaires de l'Église et des ordres de Chevalerie, par M. Hermant. Rouen, J.-B. Besongne, 1698, in-8, veau.

372. **Mémoires sur l'ancienne chevalerie,** considérée comme un établissement politique et militaire, par M. de la Curne de Sainte-Palaye. Paris, N. B. Duchesne, 1759, 2 vol. in-12, veau.

Il faut un 3e volume ; publiée en 1783, l'édition de 1826 vaut 15 fr.

IX. — NOBLESSE

373. **Annuaire de la Noblesse de France** et des Maisons souveraines de l'Europe, publié par M. Borel d'Hauterive. Paris, Dentu, 1843-1879, 35 vol. in-12, toile angl. rouge, non rognés, blas. coloriés. 280 fr.

Collection bien complète.

374. **Armoirial de Flandre**, du Hainaut, et du Cambrésis (1696-1710), par M. Borel d'Hauterive. Paris, Dentu, 1856, gr. in-8, broch., pl. de blas.

375. **Armoirial des principales Maisons** et familles du royaume, particulièrement de celles de Paris et de l'Isle-de-France, par P. P. Dubuisson, Paris, Guérin, 1757, 2 vol. in-12.

376. **Armoirial général des d'Hozier,** ou registres de la noblesse de France. Paris, F. Didot, 18 -1869. 24 livraisons, in-fol., demi-rel. mar. vert, tête dor.

377. — **Indicateur** du grand armoirial général de France de d'Hozier, publ. par Mr L. Paris. Paris, B. Deflorenne, 1865, 4 tomes in-8, demi-reliure mar. vert. 25 fr.

378. — **Indicateur nobiliaire** ou table alphabétique des noms des familles nobles susceptibles d'être enregistrés dans l'Armoirial général de d'Hozier. Paris, imprimerie Doublet, 1818, 10 cahiers in-8, broch. A à LOU.

378 *bis*. **Code de la Noblesse** française, par un ancien magistrat (le comte de Sémainville). Toulon, Baume, 1858, in-12, br. 3 fr.

379. **Dictionnaire de la Noblesse** par de La Chesnaye Desbois et Badier, 3e édit^{n}. Paris, Schlesinger, 1863....., 17 tomes en deux parties chac., in-4, broch.

S'arrête au tome XVe, 1re partie, 1869.

380. **Ecole impériale des Chartes**. Thèses de la promotion 1866-67 : contenant une notice sur Guillaume des Roches, par Mr Gaston Dubois. Paris, S. Raçon, 1867, in-8, broch.

381. **Essais sur la Noblesse de France** contenans une dissertation sur son origine et son abaissement, par M. le comte de Boullainvilliers. Amsterdam, 1732, in-12, veau, dos à pet. fers. 15 fr.

382. **Généalogies (les)** et anciennes descentes des Forestiers et comtes de Flandre. . . . . par Corneille Martī, zélandoys ; et ornées de portraicts, figures et habits, par Pierre Balthazard. Anvers, J. B. Vrints, 1598, in-4, parchem. 50 fr.

383. **Harmonies héraldiques**, paroles de d'Ormancey, musique de Villeblanche. 1re liv. Paris, Martinon, 2 ff. in-folio, sans date.

384. **Histoire généalogique et chronologique** de la Maison Royale de France, des Pairs et des Grands Officiers de la Couronne et de la Maison du Roi, par le P. Anselme, Augustin, continuée par du Fourny, 3e édn par les PP. Ange et Simplicien. Paris, Comp. des libraires, 1738, 9 vol. in-fol., bas., dos à pet. fers. 700 fr.

M. Jean Caille du Fourny était le beau père du marquis de Beaugy, seigneur de Goué, 1707. (Abbé Pointeau, *Croisés de Mayenne.*)

385. **Histoire généalogique du Musée des Croisades** du palais de Versailles, par A. Boudin. Paris,..... 1858-68, 4 tomes en 8 broch. in-fol.

386. **Histoire de la Pairie de France** et du Parlement de Paris, par Mr D. B. (du Boulay).

Attribué à J. Le Laboureur.

— **Pairies d'Angleterre** et Grands d'Espagne, par M. de G.

Le tout formant 2 tomes en 1 vol. Londres, S. Harding, 1745, in-12, bas., dos à pet. fers.

387. **Le Palais de l'honneur**, contenant les généalogies historiques des illustres maisons de Lorraine, de Savoye, et plusieurs nobles familles de France, par le P. Anselme. Frontispice par Chauveau, jeune. Paris, P. Bessin, 1663, in-4, bas., dos à pet. fers.

388. **Recueil de certificats de Noblesse**, délivrés par MM^rs Chérin père, Berthier et Chérin fils . . . mis par ordre alphabétique par Mr du Prat-Taxis. Paris, Bleuet, 1815, in-8, dem.-rel. maroq. rouge, fil. dor.

Vente et *ex-libris* Léon de Tréverret : 43 fr.

389. **Répertoire des noms historiques** compris dans les dossiers des familles du collège héraldique et historique de France, par D. de Thézan. Paris, Techener, 1867, in-8, broch.

389 *bis*. **Royer. — La Noblesse de France** aux Croisades. Paris, 1845, in-8, dem. mar. r. 15 fr.

390. **Traité de la Noblesse** et de toutes ses différentes espèces, nouv. éd^{n} augm. par Mr de la Roque. Rouen, P. Leboucher, 1735, in-4, veau, dos à pet. fers. 10 fr.

391. **Vies (les) et Alliances des comtes de Hollande** et Zélande, seigneurs de Frise. Philippus Galle *excudit*, 1578. Anvers, Christ. Plantin 1586, in-4, parchem.

X. — ART HÉRALDIQUE

392. **Art (le Véritable) du blason**, ou l'usage des armoiries, par le P. Menestrier. Paris, Michallet, 1673, in-12, veau.

393. **La Vraie et Parfaite Science des armoiries**, ou l'indice armoirial de feu Maîstre Louvan Géliot, advocat au Parlement de Bourgogne, augmenté de . . . . par P. Palliot, Parisien. Dijon, Palliot, 1661 (Paris, H. Josset), in-fol. 300 fr.

XI. — PALÉOGRAPHIE

394. **Éléments de Paléographie**, par M. Natalis de Wailly. Paris, ... 1838, 2 vol. in-4, carton.

395. **Paléographie des Chartes et Mss.** XIe à XVIIe siècle, par L. A. Chassant, 4e éd^n. Paris, Dumoulin, 1854, in-8, broch., 9 planches in-4.

XII. — ANTIQUITÉS

396. **Antiquitatum Romanorum** corpus absolutissimum in quo præter ea quæ Joannes Rosinus delineaverat, infinita supplentur, mutantur, adduntur. . . . . Thoma Dempstero à Muresk I. C. Scoto, auctore. Geneveæ apud P. et J. Chouët, 1632, in-4, bas., fil. dor. 10 fr.

397. **Dictionnaire des antiquités** romaines et grecques, contenant 2,000 gravures, par Antony Rich, trad. de l'anglais par Chéruel. Paris, Didot, 1859, in-8, dem. rel. mar. rouge, fil. et tr. dor.. dos à pet. fers.

398. **Funérailles** et diverses manières d'ensevelir des Rommains, Grecs et autres nations, tant anciennes que modernes, descrites par Claude Guichard. Lyon, J. de Tournes, CIϽ.IϽ.LXXXI, in-4, veau, fil. dor.

399. **Histoire du Jeton au Moyen-Age** . . . par J. Rouyer et E. Hucher. 1re partie. Paris, Rollin, 1858 (Le Mans, Monnoyer), in-8, broch., 17 planches. 5 fr.

400. **Types (des) les plus habituels des médailles gauloises,** par Ch. Drouet. Le Mans, Richelet, 1843, in-8, broch., 1 planche.

Envoi d'auteur.

XIII. — BIOGRAPHIE

401. **Biographie (Nouvelle) générale**, depuis les temps les plus reculés jusqu'à nos jours, publiée par MM^rs F. Didot, sous la direction de M^r le docteur Hæfer. Paris, Didot, 1854-66, 46 vol. in-8, broch.

402. **Biographie portative universelle**, suivie d'une table chronologique et alphabétique, où se trouvent réunis en 54 classes les noms mentionnés dans l'ouvrage, par Lud. Lalanne, L. Renier . . . Paris, Dubochet, 1844, in-8, dem. rel. mar. vert, fil. et tr. supér. dor., non rogné.

403. **Histoire de la vie de Messire Philippes de Mornay**, seigneur du Plessis-Marny. Leyde, Bon. et Ab. Elzevier, 1647, in-4, bas., fil. dor.

404. **Histoire de Maurice comte de Saxe**, par le baron d'Espagnac. Paris, Duchesne, 1773, 2 vol. in-12, bas.

Fontenoy, comte de Montesson.

405. **Histoire du chevalier Bayard**, lieutenant-général pour le Roy au gouvernement du Daulphiné, et de plusieurs choses mémorables, par le secrétaire de Bayard, avec des notes par U. Godefroy, 1489-1524. Paris, Pacard, 1616, in-4, rel. détruite.

Réimprimée dans le 15e vol. de la collection Petitot.

406. **Madame Swetchine**, sa vie et ses œuvres, publié par le comte de Falloux, 4e édn. Paris, Didier, 1861, 2 vol. in-8 broch.

407. **Réflexions** sur les grands hommes qui sont morts en plaisantant, avec des poésies diverses par M. D. (Deslandes). Rochefort, J. Le Noir, 1714, in-12, non broch., non rogné, frontispice. 2 fr.

408. **Suétone** (C.). — **De la Vie des douze Césars**, avec leurs portraicts en taille-douce ; trad. nouv. Paris, Le Gras, 1663, 2 tomes en 1 vol. in-12, bas., dos à pet. fers, pas de portraits.

409. **Vie (la) de Gaspard de Coligny** . . . . par Gatien Sandras de Courtils. Cologne, P. Marteau, 1686, à la Sphère, in-8, bas.

Note de l'abbé Belin.

410. **Vie (la) d'Olivier Cromwell,** par Grégoire Leti. Amsterdam, H. Desbordes, 1744, 2 vol. in-12, bas., dos à pet. fers.

Portrait d'Olivier.

411. **Vies (les) des plus célèbres jurisconsultes** de toutes les nations, tant anciens que modernes, savoir . . . .
par Mr Taisand, trésorier de France, nouv. éd^n^, augmentée d'un tiers par M..... Paris, Prault, 1737, in-4, bas.

XIV. — BIOGRAPHIE CONTEMPORAINE

412. **Biographie des 750 Représentants** à l'Assemblée législative élus le 13 mai 1849, par deux journalistes. Paris, Pagnerre, 1849, in-12, broch.

413. **Profils critiques et biographiques** des 750 Représentants du peuple à l'Assemblée législative, par trois publicistes. Paris, Garnier, 1849, in-12, broch.

414. **Profils critiques et biographiques** des 900 Représentants du peuple, par un vétéran de la presse. Paris, Garnier, 1848, in 12, broch.

XV. — MÉMOIRES HISTORIQUES

415. **Chronique de la Régence** et du règne de Louis XV (1718-63) ou journal de Barbier. 1re édn complète, conforme au manuscrit autographe de l'auteur. Paris, Charpentier, 1857, 8 vol. gr. in-18, broch. 24 fr.

416. **Chroniques nationales françaises** écrites en langue vulgaire du XIIIe au XVIe siècle . . . . . avec notes et éclaircissements par J. A. Buchon. Paris, Verdère et Carez, 1826-28, 47 vol. in-8, dem. rel. mar., fil. dor. 200 fr.

417. **Collection complète des mémoires relatifs à l'histoire de France,** depuis Philippe-Auguste jusqu'en 1600, 1re série, par M. Petitot. Paris, Foucault, 1824-26, 52 vol. in-8, dem. rel. veau, fil. et tr. supér. dorée, non rogné.

— **La 2e série,** de Henry IV à 1763, forme 78 vol., même description. Paris, Foucault, 1820-29. 500 fr.

418. **Collection (Nouvelle) de mémoires** pour servir à l'histoire de France, depuis le XIIIe siècle, jusqu'à la fin du XVIIIe, par MMrs Michaud et Poujoulat.

— **1re série**. Paris, 1836-38, 12 vol. in-8, dem. rel. mar. rouge, fil. dor.

— **2e serie**. Paris, 1837-38, 10 vol., même description.

— **3e série**. Paris, 1837-39, 10 vol., même descript.

419. **Dictionnaire (le Petit) du temps**, pour l'intelligence des nouvelles de la guerre. 4e édn, avec figures, dédiée à S. A. S. Mgr le Prince de Condé, par L'Admiral. Paris, Bauche, 1756, in-8, bas., dos à pet. fers., 2 pl.

420. **Histoire de saint Louis**, par Jehan, sire de Joinville. Les Annales de son règne, par Guill. de Nangis. Sa Vie et ses miracles, par le confesseur de la reine Marguerite. Publ. par Capperonier. Paris, Imprimerie royale, 1761, in-fol., veau, tr. rouge, dos orné.

421. **Journal de ce qui s'est passé à la Tour du Temple** pendant la captivité de Louis XVI, Roi de France, par J. B. C. H, Cléry. 1re édn publ. par la

famille, avec gravures et 6 portraits, introduction par Mr H. de Riancey, notes par Mlles de Gaillard. Paris, Bertin, 1861, in-8, broch.

422. **Journal du Marquis de Dangeau**, publié en entier pour la 1re fois par MM. E. Soulié et L. Dussieux, avec les additions inédites du duc de Saint-Simon, publiées par Mr Feuillet de Conches. Paris, Didot, 1854-60, 19 vol. in-8, broch.

423. **Lettres de quelques Juifs** portugais et allemands à Mr de Voltaire (par l'abbé Guénée), 2e édn. Paris, Prault, 1769, in-12.

424. **Mémoires de Condé** servant d'éclaircissement et de preuves à l'histoire de Mr de Thou; augmentés d'un supplément. Londres (Paris, Rollin), 1743, 6 vol. in-4, bas., portraits.

425. **Mémoires de la Ligue**, contenant les événements les plus remarquables depuis 1576 jusqu'à la paix de 1598. Nouvelle édn, rev., corr. et augm. de notes

critiq. et historiques. Amsterdam, Arkstée et Merkus, 1758, 6 vol. in-8, bas.

426. **Mémoires de la Régence** de S. A. R. Mgr le Duc d'Orléans, durant la minorité de Louis XV, Roi de France, enrichis de figures en taille-douce (par le chevalier de Piossens). La Haye, J. van Duren, 1736, 3 vol. in-12, bas., fil. dor.

427. **Mémoires de Madame la Duchesse de Nemours** jusqu'à 1652, suivis d'un Mémoire touchant le Cardinal de Retz. Amsterdam, J. F. Bernard, 1718, in-8, bas., dos à pet. fers. 5 fr.

2e édition; ces curieux mémoires font suite à ceux du cardinal de Retz.

428. **Mémoires de Marguerite de Valois,** Reine de France et de Navarre, en 2 parties (éloges de Marguerite, de Mr de Bussy, et la Fortune de la Cour). La Haye, A. Moetjens, 1715, in-8, bas.

Portrait.

429. **Mémoires de Messire Philippe de Commines,** Seigneur d'Argenton, par feu Mr Denys Godefroy.

dernière édⁿ en 3 tomes, et un 4ᵉ de supplément à l'Histoire de Louis XI. Brusselle, F. Foppens, 1714, 4 vol. in-8, bas., dos à pet. fers.

Portraits.

430. **Mémoires de Mʳ d'Artagnan**, par de Courtille de Champagne (Gatien de Sandras de Courtilz). Cologne, P. Marteau, à la Sphère, 1701, in-12, bas. 4 fr.

Note de l'abbé Belin, tome Iᵉʳ seul.

431. **Mémoires de M. Guy-Joly**, Conseiller au Parlement, en 2 parties. Amsterdam, J. F. Bernard, 1718, 1 vol. in-8, bas.

432. **Mémoires du Cardinal de Retz**, contenant ce qui s'est passé de plus remarquable en France pendant les dernières années du règne de Louis XIV, augmentés considérablement en cette présente édⁿ. Amsterdam, 1718, 3 vol. in-8, veau.

433. **Mémoires du duc d'Épernon.** Paris, J. Bouillerot, 1626, in-4, parchem.

434. **Mémoires du mareschal de Bassompierre,** contenant l'histoire de sa vie et de ce qui s'est fait de plus remarquable à la Cour de France pendant quelques années. Cologne, Marteau, 1665, 3 vol. in-12, bas., dos à fil. dor.

435. **Mémoires relatifs à l'histoire de France** jusqu'au XIIIe siècle, par Mr Guizot, et la table générale alphabétique. Paris, Brière, 1823-25. 31 vol. in-8, demi-rel. mar., fil. dor. 200 fr.

436. **Mémoire sur madame de Maintenon.** In-4, parchem. Mss moderne sur 2 colonnes.

437. **Muy (la) lamẽtable cõquista,** y cruẽta batalla de Rhodas, nuevamente sacada de latin en lengua castellana por el bachiller.....Dirigida al yllustrissimo, et reverẽdissimo señor dõ Alõso Mãrriq̃, arçobispo de Sevilla. In-8, rel. parchem.

Ex-libris aux armes de...

438. **Muze (la) historique** ou Recueil des lettres en vers cońtenant les nouvelles du temps écrites à

Mlle de Longueville, depuis duchesse de Nemours, 1650-65, par J. Loret. Nouvelle édn, par MM. J. Ravenel et E. V. de la Pelouze. Tome I, 1650-54. Paris, Jannet, 1857, in-4, broch. 30 fr.

Le 2e volume a paru en 1877.

439. **Œuvres complètes du seigneur de Brantôme.** Nouvelle édn, par L. J. N. Monmerqué. Paris, Foucault, 1822-23. 8 vol. in-8, demi-rel. veau, fil. et tr. sup. dor., non rogné.

440. **Récit véritable** de ce qui s'est passé à l'emprisonnement des Princes. 1650, in-4, bas.

Portraits.

441. **Relation** de la conduite présente de la Cour de France. Trad. d'italien en français. Leyde, A. Du Val, 1665, in-12, bas., dos à fil. dor.

442. **Réponse de Messieurs les Princes** aux calomnies et impostures de Mazarin. 1650. Plusieurs pièces in-4, bas., fil. dor.

Portrait.

443. **Souvenirs du Marquis de Valfons**, Vicomte de Sebourg, 1710-86, publiés par son petit-neveu, le Marquis de Valfons. Paris, Dentu, 1860, in-8, br.

BEAUX-ARTS

I. — GÉNÉRALITÉS

444. **Album de l'exil.** — Résidences de la branche aînée des Bourbons, depuis 1830. 15 vues par E. Gransire, texte par M. Théodore Muret. Paris, Bertin, 1850.

445. **Art (l') de desseigner**, de Maîstre Jean Cousin, excellent peintre français; reveu, corrigé, augmen., par François Jollain, graveur à Paris. Album in-4 de 72 pages dont 33 planches, et frontispice. A Paris, chez Franç. Jollain, s. d.

446. **Danse (la Grande) macabre** des hommes et des femmes; précédée du Dict des Trois Mors et des Trois Vifz; du débat du Corps et de l'Ame, et de la Complaincte de l'Ame dampnée. Paris Baillieu, 186., pap. vergé, in-4, broch.

Réimpr. sur l'édition de 1486, Paris.

447. **Dessin** à la plume.

448. **Devises et emblèmes d'amour** moralisez, gravez par Albert Flamen. Paris, Oliv. de Varennes, 1653, in-12, parchem.

449. **Galeries (les) publiques de l'Europe**, par Mr J. G. D. Armengaud.—Rome.—Paris, Ch. Lahure, 1859, in-fol., dem. rel. mar. rouge, tr. dor., armes du Pape sur les plats. (M. Heldt, rel.)

450. **Théâtre (le) des antiquités de Paris**, en 4 livres, par le R. P. Jacques du Breul, parisien, religieux de Saint-Germain-des-Prez. Paris, Cl. de La Tour, 1612, in-4, parchem.

451. **Trattato della pittura** di Lionardo Da Vinci. In Parigi, apresso Giacomo Langlois, 1651, in-4, parchem.

452. **Vita Beatæ Mariæ Virginis** Matris Dei; emblematibus delineata . . . .

par Jacques Callot. Paris, F. Langlois, dict Chartres, 1646, in-4.

— Au même volume : **Lux Claustri**....., représentées par figures emblématiques dessignées et gravées par J. Callot, même date.

II. — ARCHITECTURE

453. **Dictionnaire de l'architecture** du moyen âge, contenant tous les termes techniques . . . . par Adolphe Berty. Paris, Derache, 1845, in-8, dem. rel. mar. vert, fil. dor.

454. **Traité** des cinq principales sortes de colonnes qui sont : Toscane, Dorique, Ionique, Corinthe, et composée ..... selon la doctrine de Vitruve, par François Ponsard, parisien. Paris, P. Billaine, 1617, in-4, parchem.

III. — GRAVURE

455. **Augustes (les) Représentations** de tous les Roys de France, depuis Pharamond jusqu'à Louys XV à présent régnant, avec un abrégé historique sous chacun . . . .
65 portraits sculp. par De L'Armessin. Paris, 1714, Hurand et Du Bois, in-4, bas., dos orné, tr. rouge.

456. **Images (les)** ou tableaux de platte peinture des deux Philostrates, sophistes grecs, et les statues de Callistrate; mis en ordre par Blaise de Vigenère, bourbonnais, représentez en taille-douce en cette nouv. édn, avec des épigrammes sur chacun d'iceux par Artus Thomas, sieur d'Embry. Paris, Cl. Sonnius, d. coupée, in-fol., veau, dos orné, large marge.

457. **Jacobi Bornitii** emblemata ethico politica; ingenuâ atque eruditâ interpretatione nunc primum illustrata per M. Nicolaum Meerfelde, sculp. Moguntiæ, sumpt. Lud. Bourgeat, bibliopolæ academici, 1669, in-8, bas., dos orné, large marge.
Armes de Maridort.

458. **Portraits** divers. Paris, L'Armessin 1686, in-4, parchem.

459. **Portraits** (Cent-six) de L'Armessin, sculp., quelques dates. Paris, Bertrand, in-4, v^{le} bas., dos orné, l. marge.

460. **Portraits** (284). B. Moncornet *excudit.* Thomas de Leu *sculpsit.* Du Moutier, Anna van Bouckel *sculp.*, in-8, veau, fil. dor., l. marge.

461. **Portraits**, noms et qualités des ambassadeurs assemblez tant à Munster qu'Osnasbruk, pour le traité et la conclusion de la Paix généralle. Et se vendent à Paris, chez B. Moncornet, sans date, in-8, veau, dos orné.

462. **Romanorum Imperatorum effigies**, elogiis, ex diversis scriptoribus, per Thomam, Treterū S. Mariæ, Transtyberium Canonicum collectis, illustratæ. Opera et studio Jo. Baptistæ de Cavalleriis, aeneis tabulis incisæ. Romæ, ann. Dom. 1583, in-8, veau, dos orné, tr. rouge.

463. **Vive (le) Imagini** i tutti quasi gl'Imperatori. Da C. Julio Cæsare insino a Carlo V et Ferdinando, suo fratello . . . .
per Huberto Goltz, Wirtzburgense pittore. In Anversa, ann. 1557, in-4, bas., dos à pet. fers.

GÉOGRAPHIE

I. — MÉLANGES

464. **Description géographique**, historique, militaire et routière de l'Espagne ; avec une carte lithographiée par M. Ch. du Rozoir. Paris, Pillet, 1823, in-8, br.

465. **Description historique** de la France par province et par département, par Alex. Mazas. Lyonnais-Beaujolais-Languedoc. Paris, Lanier, 1851, in-4, broch.

466. **Géographe (le) Manuel**, par l'abbé Expilly, 6e éd[n] augment. Paris, Bauche, 1763, in-12, veau, fil. dor.

467. **Géographie ancienne** historique et comparée des Gaules Cisalpine et Transalpine, par le baron Walckenaer. Paris, Dufart, 1839 (St-Pétersbourg,

Hauer), 3 vol. in-8, dem. rel. mar. vert, fil. et tr. sup. dor.

Atlas in-4 de 9 cartes, même rel.

468. **Géographie de la Manche**, par M. Edom. 1re partie, Cherbourg. Le Mans, Monnoyer, 1857, in-12, broch.

469. **Introduction à la Géographie**, avec une description historique sur toutes les parties de la Terre, par N. de Fer, 2e édn. Paris, Danet, 1717, in-8, veau, dos orné, cartes.

470. **Recueil des Itinéraires anciens**, comprenant l'itinéraire d'Antonin, la table de Peutinger, et un choix des Périples grecs, avec 10 cartes dressées par M. le colonel Lapie, publié par le marquis de Fortia d'Urban. Paris, Impr. royale, 1845, in-8, veau, tr. rouge, dos orné, large marge.

471. **Table Théodosienne**, dite table de Peutinger. 6e du Mss. de Vienne, gravé par Thierry, à Paris.

472. **Tablettes géographiques**, abrégé des quatre parties du monde, avec un dictionnaire géographique par L. M. de C. Paris, Et. Ganneau, 1725, in-12, veau, dos à pet. fers.

II. — CARTES

473. **Atlas. — Cartes (les) générales** de toutes les provinces de France, royaumes et provinces de l'Europe, par le sieur Tassin, géographe, par privilége. 1637, rel. parchem.

474. **Atlas de géographie**, par Guill. Delisle et Ph. Buache, rev. et augm. par Dezanche. Paris, 1790.
Cartonné.

475. **Atlas de la géographie** ancienne, du moyen âge, moderne, par Delamarche. Paris, 1847.

476. **Atlas nouveau** portatif, à l'usage des militaires, colléges et voyageurs. Paris, Crépy, 1767, 2 vol. in-4, dem. rel., tr. rouge, frontisp.

477. **Atlas. — Orbis romanus**, delineatus à P. Lapie, géogr^e. Lutetiæ, 1834.
Cartonné.

478. **Carte de la Crimée**, pour suivre les opérations de la guerre d'Orient. Paris, Bourdin, 1854.

479. **Carte de l'Égypte** et du cours du Nil, publiée par Andriveau-Goujon. Paris, 1840, collée sur toile, étui carton.

480. **Carte** des possessions anglaises dans l'Inde, comprenant les établissements anglais dans l'Indoustan, l'Indo-Chine et la Chine, par A. H. Dufour. Paris, 1857, Paulin-Lechevalier.

481. **Cartes** des routes d'Italie, Est de la France, Suisse, et Sud de la Confédération germanique, dressée par Fremin. Paris, 1845.

Collée sur toile, étui carton.

482. **Carte** générale d'Allemagne, Autriche, Confédération, Danemark, Prusse, Pologne, Suède, gravée par Collin. 1813.

Collée sur toile.

483. **Carte** générale de l'Algérie et de la Régence de Tunis, avec une partie du bassin inférieur de la Méditerranée, publiée par Andriveau-Goujon. 1840.

Collée sur toile.

484. **Carte** générale de la Monarchie française, contenant l'histoire militaire depuis Clovis, premier Roy chrétien, jusqu'à la 15e année accomplie du règne de Louis XV, par le sieur Lemau de la Jaisse, présentée au roy, en 1730, mise au jour en 1733. Se vend à Paris, chez l'auteur, 1737. Atlas bas., cachets dorés sur les plats, dos à fil. dor.

485. **Carte** générale du Mexique, pour servir aux opérations militaires, d'après les meilleures cartes espagnoles, publiée par A. Logerot. Paris.

486. **Carte** routière de la Bretagne, divisée en cinq départements, par A. Frémin. Paris, 1837.

Collée sur toile.

487. **Italie.** Dressée par A. Dufour, gravée par Ch. Dyonnet. Paris, Paulin-Lechevalier, 1857.

Collée sur toile.

488. **Itinéraire** portatif des principales routes de France, accompagné d'une nouvelle carte routière, dressée par Charle. Paris, Dopter, 1840, in-12, demi-rel.

489. **Plan de Paris** dressé géométriquement en 1649 et publié en 1652 par Jacques Gomboust..... Publié par la société des Bibliophiles français. Paris, Techener, 1858, gr. atlas, demi-rel. veau, fil. dor., dos à pet. fers.

490. **Plan itinéraire** de la ville de Paris, divisé en 12 arrondissements, gravé par Perrier et Gallet. Paris, Andriveau-Goujon, 1832.

Collé sur toile, étui carton.

491. **Tableau général** et itinéraire de l'Empire français divisé en 130 départements, rédigé par Chaumier, en l'an VII, corrigé et augmenté par Mauborgne, en 1813. Paris, Basset.

Collé sur toile.

III. — VOYAGES

492. **Pausanias** ou voyage historique de la Grèce, trad. en français par l'abbé Gedoyn. Paris, Didot, 1731, 2 vol. in-4, veau, dos orné, frontispice, cartes.

20 H en 1731.

493. **Relation journalière** du voyage du Levant, fait et décrit par haut et puissant seigneur Henry de Beauvau. Nancy, Jac. Garnich, 1615, in-4, veau, dos orné.

Assez rare. (B....)

494. **Walks about the Cyty** and environs of Jerusalem, by W. H. Bartlett. London, George Virtue, 1844, in-4, demi-rel.

495. **Voyage d'Italie** (**Nouveau**) avec un mémoire contenant des avis utiles à ceux qui voudront faire le même voyage. 5e édit. La Haye, Henry van Bulderen, 1717 (1702, sur le frontispice), 3 vol. in-12, veau, dos orné.

Nombreuses planches.

496. **Voyage en Sibérie** fait par ordre du Roi, en 1761, par M[r] l'abbé Chappe d'Auteroche. Paris, Debure, père, 1768, 3 vol. in-4, veau, fil. et tr. dor., large marge.

497. **Voyage pittoresque** autour du Monde, publié sous la direction de Mr Dumont d'Urville, accomp. de cartes et de nombr. grav. Paris, Tenré, 1834, 2 vol. in-4, demi-rel.

498. **Voyage pittoresque** dans les deux Amériques, publié sous la direction de Mr Alcide d'Orbigny, dessins de M. de Sainson et Boilly. Paris, Tenré, 1836, in-4, demi-rel.

499. **Voyage pittoresque** dans les grands déserts du Nouveau-Monde, par l'abbé Domenech, planches. Paris, Morizot, 1862, in-4, broch.

500. **Voyage pittoresque** en Asie et en Afrique, par J.-B. Eyriès. Cartes et gravures sur acier, dessinées par J. Boilly. Paris, Furne, 1839, in-4, demi-reliure.

SCIENCES

I. — MÉLANGES

501. **Agrippæ (Henrici Cornelii)** ab Nettesheym de vanitate scientarum..... Apud Florentissimam Antuerpiam, 1531, in-8, bas.

502. **Trésor (l'Immense)** des sciences et des arts, ou les Secrets de l'industrie dévoilés ; contenant 868 recettes et procédés nouveaux inédits. 12e éditn, par Chevalier. Saintes, Fontanier, 1867, in-8, broch.

503. **Vieux-Neuf (le)** ; histoire ancienne des inventions et découvertes modernes par Edouard Fournier. Paris, Dentu, 1859, 2 vol. gr. in-8, broch. 10 fr.

Epuisé, rare.

II. — JEUX

504. **Essai d'analyse** sur les jeux de hasard, 2e éditn. Paris, Quillau, 1713, in-4, ..., tr. rouge, large marge.

505. **Jeu (le Plaisant) du Dodechedron de Fortune** non moins récréatif que subtil et ingénieux. Lyon, J. Huguetan, 1581, in-8, vieille bas.

III. — ARCHÉOLOGIE

506. **Art (l') de vérifier les dates** des faits historiques, des chartes, des chroniques et autres anciens monuments depuis la Naissance de N.-S. Nouvelle éd^{n}, rev., corrig., augment. par un Bénédictin de la Congrégation de Saint-Maur. Paris, Desprez, 1770, in-fol.. bas., fil. dor., dos à pet. fers. 25 fr.

507. **Art (l') de vérifier les dates** des faits historiques, des chartes, des chroniques et autres anciens monuments. 3e éd^{n}, par un religieux de la Congrégation de Saint-Maur (François Clément). Paris, Gombert, 1783-93. 3 vol. in-fol., veau, fil. dor. 200 fr.

508. **Congrès archéologique** de France :
— Séances générales tenues à Falaise, à Vaux-sur-Laison, à Bernay et à Trouville-sur-Mer, en 1847 et 1848, par la Société française pour la conservation des monuments historiques.
— Séances générales tenues à Sens, Tours, Angoulème, Limoges, en 1847.

— Séances générales tenues à Metz, Trèves, Autun, Châlons, et Lyon, en 1846.
— Séance générale tenue à Lille, en 1845.
4 vol. in-8, broch.

509. **Dictionnaire** de Sigillographie pratique, par A. Chassant et P. Delbarre. Paris, Dumoulin, 1860, in 8, broch.

510. **Hiéroglyphes (les)** de Jean-Pierre Valérian, vulgairement nommé Pierius. Nouvellement donnez aux Français, par J. de Montlyart. Lyon, P. Frellon, 1615, in-fol., bas., dos à pet. fers.

511. **Promptuaire des Médalles** des plus renommées personnes qui ont été depuis le commencement du Monde. 2e édn en 2 parties. Lyon, par Guill. Rouille, 1577, in-4.

512. **Recherches** sur la manière d'inhumer des anciens, à l'occasion des tombeaux de Civaux, en Poitou, par le R. P. B. Routh, prêtre de la Compagnie de Jésus. Poitiers, J. Faulcon, 1738, in-12, parch. 8 fr.
Rare.

IV. — SCIENCES OCCULTES

513. **Agrippæ (Henrici Cornelii)**, ab Nettesheym, de occulta philosophia libri tres. Privilège de l'Empereur Charles, daté de Malines, le 12 janvier 1529. In-4, parchem.

514. **Démonomanie (De la)** des Sorciers par J. Bodin, angevin. Paris, Jacques du Puys, 1580, in4. 6 fr.

515. **Discours et histoire des spectres**, ou visions et apparitions d'esprits. Le tout en 8 livres, par Pierre Leloyer, Conseiller au Présidial d'Angers. 2e édition. Paris, N. Buon, 1608, in-4°, veau.

Envoi de l'auteur à son neveu, Pierre Bohir, en 1609.

516. **Discours** sur les principes de la Chiromancie, par le sieur de la Chambre (Cureau, du Mans). Paris, P. Rocolet, 1653, in-8 broch.

517. **Praeciosa** ac nobilisima artis chymiae collectanea de occultissimo ac præciosissimo philosophorum lapide, per Janum Lacinium. Norimbergae, apud Gabrielem Hayn, 1554, in-8.

518. **Tableau** de l'inconstance des mauvais anges et démons....., par Pierre de Lancre. Paris, J. Berjon, 1612, in-4, bas.

519. **Traité sur les apparitions** des esprits et sur les vampires, ou les revenants de Hongrie, de Moravie....., par le R. P. Dom Augustin Calmet, abbé de Sénones, nouvelle édition, par l'auteur. Paris, De Bure, 1751, 2 vol. in-8.

V. — CHASSE

520. **Tristia.** Histoire des misères et des fléaux de la chasse en France, par A. Toussenel. Paris, Dentu, 1863, in 8, broch.

VI. — ÉQUITATION

521. **Pratique (la) du Cavalier,** ou l'exercice de monter à cheval, qui enseigne....., par Messire René de Menou; revu, corrigé et augmenté par lui-même. Paris, Guill. Loyson, 1650, in-4, veau, fil. dor.

Figures.

VII. — SCIENCES MATHÉMATIQUES

522. **Tables de logarithmes** pour les sinus et tangentes de toutes les minutes du quart de cercle, et pour tous les nombres naturels depuis 1 jusqu'à 20000. Nouvelle édn. Paris, Desaint, 1768, in-8, tr. rouge.

VIII. — ASTRONOMIE

523. **Catalogus Imperatorum**, Regum, ac Principum, qui astrologicam artem amarunt..... Collecta ab Henrico Rantzovio. Edita a Theophilo Silvio. Antuerpiae, Christophorus Plantinus, 1580, in-8, parchem.

524. **Concordance** de l'ère des Français avec le Calendrier Grégorien, depuis l'an I jusqu'à l'an XII inclusivement. In-8, broch. Incomplet.

525. **Entretiens** sur la pluralité des Mondes, augmentés des Dialogues des morts,..... par Mr de Fontenelle, nouv. édit[n]. Paris, Bossange et Masson, 1811, in-8.
Planche.

526. **Gnomonique (la) pratique** ou l'art de tracer avec la plus grande précision les cadrans solaires, par Dom Franç. Bedos de Celles, de la Congrégation de Saint-Maur. Nouv. édit[n]. Paris, Didot, 1790, in-8, bas.

527. **Histoire** du Calendrier Romain, qui contient son origine et les divers changements qui lui sont arrivez. In-4, , dos à pet. fers, large marge.

528. **Mouvement (du) de la mer** et autres véritez naturelles dont les causes sont les plus inconnues, par de Lartigue. Paris, Couterot, 1667, in-4, dos à pet. fers.

529. **Tabulae astronomicae** Ludovici Magni jussu et munificentia exaratæ et in lucem editae. Autore Philippo de la Hire. 2e éditn. Parisiis, Montalant, 1727, in-4, veau.

IX. — ART MILITAIRE

530. **Armées de l'intérieur** (Organisation et composition des transports militaires pour le service des), rédigé par Chauvet, commissaire-ordonnateur en chef de l'armée de l'intérieur. Paris, 20 vendémiaire, an IV.

530 *bis*. **Annuaire** de l'Etat militaire de France, pour l'année 1832. Paris, Levrault, juin 1832, in-12, broch.

531. **Art** (l') **de lever les plans** de tout ce qui a rapport à la guerre, et à l'architecture civile et champêtre, par M. Dupain de Montesson. 2e éditn. Paris, Jombert, 1775, in-8, veau, tr. rouge.

La 1re édition de 1763 vaut 1 fr. 50.

531 *bis*. **Bibliothèque portative de l'officier**. Règlement concernant l'exercice et les manœuvres de l'infanterie, du 1er août 1791. Paris, Levrault, 1821, 3 vol. in-16, bas., dans 1 étui cart.

532. **Castramétation (de la)**. Définition et de son usage. Ordonnance du 3 mai 1832.

532 *bis*. **École royale d'État-Major.** — Artillerie.

— *a*). Analyse et dissertation relatives à la nouvelle artillerie, p. Poumet, 1827.

— *b*). Collection de gravures représentant les principaux affûts de l'artillerie de terre, par Poumet, 1826.

— *c*.) Essai sur l'art de pointer toute espèce d'arme à feu, p. Poumet, 1816.

— *d*). Instruction sur l'artillerie de campagne, par Poumet, 1824.

— *e*). Instruction sur les effets des bouches à feu, par Poumet, 1828.

532 *ter*. **École royale d'État-Major. — Fortification.**

— *f*). Instruction sur le défilement des ouvrages de campagne, 1830.

— *g*). Instruction sur les campements avec tentes ou baraques, 1830.

— *i*). Sommaire des matières traitées dans le cours de fortification.

— *h*). Instruction sur les routes, chemins en fer, canaux, 1827.

532 *quater*. **École royale d'État-Major; Divers.**

— *j*). Influence des divisions naturelles du globe sur les divisions politiques, 1826.

— *k*). Instruction sur la balistique, 1824.

— *l*). Instruction sur la perspective, 1828.

— *m*). Instruction sur la reconnaissance des rivières, 1827.

— *n*). Instruction sur la géographie physique, 1825.

— *o*). Instruction sur l'esprit des manœuvres, 1830.

— *p*). Rapport (modèle) d'un inspecteur général.

533. **Recueil** de plusieurs machines militaires et feux artificiels pour la guerre et récréation avec l'alphabet de Trittemius. De la diligence de Jean Appier, dit Hanzelet et Fr. Thybourel. Pont-à-Mousson, Charles Marchant, 1620, in-4 parchemin.

534. **Troupes** (**Carte militaire des**) de France sur le pied des ordonnances de la nouvelle composition, au 1er janvier 1765.

535. **Troupes** (**Carte militaire des**) qui composent les armées du Roi de France, suivant la nouvelle formation du 1er janvier 1768.

536. **Troupes (Carte militaire des)** qui composent les armées du Roy de France; avec un état présent des Seigneurs qui ont séance au Parlement du 1er janvier 1769.

537. **Troupes (État général des)** de France, suivant l'ordonnance d'avril 1770.

538. **Troupes (Carte des)** de France sur le pied des ordonnances de 1771.

539. **Troupes (Tableau des)** de France pour 1771.

540. **Troupes de France** suivant les états de 1773.

541. **Troupes.** Etat général militaire de France pour l'année 1776.

542. **Troupes** de l'Empereur d'Allemagne en 1774.

543. **Troupes** du royaume de Prusse en 1774.

X. — SCIENCES PHYSIQUES

544. **Mémoire** sur la vertu répulsive du feu,... par M. D. M. (De Montesson). Le Mans, Pivron, 1783, in-8, broch.

545. **Traité** élémentaire de physique, par C. Despretz. 2e éditn. Paris, M. Marvis, 1827, in-8.

XI. — SCIENCES NATURELLES

A. — MÉLANGES

546. **Catalogue systématique** et raisonné des curiosités de la nature et de l'art qui composent le cabinet de Mr Davila. Paris, Briasson, 1767, 3 volumes in-8, veau.

Figur. en taille-douce.

547. **Dictionnaire pittoresque** d'histoire naturelle et des phénomènes de la nature, par une société de naturalistes sous la direction de F.-E. Guérin. Planches gravées sur acier, dessins de MM. de Sainson et Friès. Paris, 1838, 9 vol. in-4, demi-rel. veau vert.

548. **Dictionnaire raisonné** universel d'histoire naturelle, contenant l'histoire des animaux, des végétaux et des minéraux, par M. Valmont de Bomare. Nouv. éditn rev. et augment. Paris, Lacombe, 1768, 4 vol. in-4, veau, tr. rouge, large marge.

549. **Histoire naturelle** générale et particulière, avec la description du Cabinet du Roi, par Mr de Buffon et Mr Daubenton. Paris, Imprimerie Royale, 1749-81, 23 vol. in-4, veau, tr. rouge, large marge.

550. — Les huit derniers volumes, numérotés de I à VIII, portant le titre : **Histoire naturelle des Oiseaux**, par MM. de Buffon, et Guéneau de Montbeillard.

551. **Œuvres complètes de Buffon.** Editn revue par Mr A. Richard. Paris, Pourrat, 1835, 22 volumes in-8.

I-II : théorie de la terre.
II-VI : minéraux.
VII : expériences sur les végétaux.
VIII-IX : animaux, de l'homme.
X-XIV : animaux.
XV-XX :
XXI : atlas, mammifères.
XXII : atlas, oiseaux.

B. — GÉOLOGIE

552. **L'Histoire naturelle** éclaircie dans une de ses parties principales : la conchyliogie, qui traite des coquillages. Nouv. éditn enrichie de figures dessinées d'après nature par Mr
aux dépens de l'abbé de Pomponne. Paris, de Bure, 1757, in-4, veau, tr. rouge, large marge. 10 fr.

553. **L'Histoire naturelle** éclaircie dans l'une de ses parties principales, l'oryctologie, qui traite des terres, par aux dépens de Mr le baron de Sparre. Paris, de Bure, 1755, in-4, veau, tr. rouge, large marge. 10 fr.

554. **Mémoire** sur un nouveau genre de coquilles de la famille des Arcacées et description d'une nouvelle espèce de Modiole fossile, par Ch. Drouet. Paris, Lebel, 1824, in-8, broch., 1 planche.

555. **Terre (la) avant le Déluge**, par L. Figuier. Paris, Hachette, 1863, in-8, demi-rel. maroq. rouge, fil. et tr. sup. dor.

C. — BOTANIQUE

556. **Histoire admirable des plantes** et herbes esmerveillables et miraculeuses en nature,.. avec leurs portraicts au naturel, par Mr Cl. Duret. Paris, N. Buon, 1605, in-8, v. bas.

D. — ZOOLOGIE

557. **Collection** des planches d'animaux pour les œuvres de Mr le comte de Lacépède faisant suite aux œuvres complètes de Buffon. Paris, Rapet, 1819, 5 vol. in-8.

558. **Fortunii Liceti** Genuensis de monstris,..... de propriorum operum historia, libri duo. Patavii, Paulli Frambotti, 1634, in-8.

559. **Histoire naturelle** des oiseaux exotiques, par C. L. Lemaire, fig. peintes d'après nature, par Pauquet. Paris, Pauquet, 1836, in-8.

560. **Homme (l') de René Descartes,** et la formation du fœtus,..... avec les remarques de Louis de La Forge. 2 éditn. Paris, Girard, 1677, in-4, , dos à pet. fers.

561. **Supplément à l'histoire naturelle** générale et particulière de Buffon, par Mr F. Cuvier. Paris, Pillot, 1831, 3 vol. in-8.

I : mammifères.

II : oiseaux.

III : atlas.

MÉDECINE

562. **Dissection (la)** des parties du corps humain, divisée en trois livres, faicts par Ch. Estienne, docteur en médecine avec les figures et déclarats des incisions, composées par Estienne de la Rivière, chirurgien. Paris, Simon de Colines, 1546, in-4, vieille bas.

563. **Essai** sur les probabilités de la durée de la vie humaine, par M. Deparcieux. Paris, Guérin, 1746, in-4, veau, tr. rouge, large marge.

564. **Livres (les) de Hiérôme Cardanus**, médecin milanois, intitulez de la Subtilité et subtiles inventions; traduits de latin en français, par Richard Le Blanc. Paris, Cl. Micard, 1566, in-8, veau, tranche rouge.

565. **Observations** faites en 1826, à Saint-Brévin (Loire-Inférieure), sur le Choléra-Morbus, par Mr Drouet. Le Mans, Belon, 1852, in-8, broch.

566. **Œuvres d'Ambroise Paré** conseiller et premier chirurgien du roi, corrig. et augm. par lui-même peu auparavant son décès. 7e édit^{n}. Paris, N. Buon, 1614, in-fol., bas., fil. dor.

AGRICULTURE

567. **Géométrie agricole**, par M. Lefour. Paris, Dusacq, in-8, broch.

HORTICULTURE

568. **Bon Jardinier** (le), almanach pour **1842**, publié par Audot. Paris, , **1842**, in-8.

16 figures.

569. **Bon Jardinier** (le), pour l'année **1853**. Paris, Dusacq, 2 vol in-8.

570. **Hortus floridus** in quo rarorium et minus vulgarium florum icones ad vivam, veramque formam ac-

curatissime delineatæ. Crispiani Passæi junioris (Crispian de Pas), 1614. Exstant Arnhemii, apud Joannem Jansonium, album in- , parchem.

SILVYCULTURE

571. **Cours élémentaire** de culture des bois, créé à l'école de Nancy, par Mr Lorentz, publié par A. Parade, 4e éditn. Paris, Bouchard, 1860. (Nancy, Grimblot), in-8, broch.

OUVRAGES SUR LE MAINE

572. **Advertissements**, statutz et ordonnances publiéz au Synode tenu, le 22 octobre 1598, au Mans. Vefve H. Olivier. Cl. d'Angennes, évêque.

573. **Affaire d'Anthelme Collet**, se disant tantôt Gollot et tantôt Gallat. Cour d'assises du département de la Sarthe, 11 et 12 septembre 1820. Au Mans, Fleuriot, 9 ff. in-8, broch. (1-33). 2 fr.

573 *bis*. **Ancienne province du Maine**. Recueil de documents inédits ou rares sur la topographie et les monuments historiques de cette province; publié sous la direct[n] de l'abbé Lottin, et Lassus ; gravé par Toudouze. Au Mans, Pesche, 1851, 3 livraisons.

574. **Arrest du Conseil d'État** du Roy, du 11 septembre 1731, portant confirmation des privilèges des habitants de la ville du Mans, pour l'exemtion des droits de francs-fiefs. Au Mans, Ysambart, 4 ff. in-4.

575. **Arrest du grand Conseil** par lequel la joüissance des archidiacres de l'église du Mans, des fruits des cures de leurs archidiaconnéz, est réglée. 21 août 1607, une feuille in-4

576. **Ballon**, Saint-Mards et Saint-Ouen ; ou histoire religieuse de ces trois paroisses, contenant .... par l'abbé Aubry. Le Mans, Gallienne, 1853, in-8, broch. 2 fr. 50

577. **Bataille de Pontvallain** et prise de Vaas. Description extraite du roman de Messire Bertran Du Glaiequin, chronique du XIVe siècle. Notice par Ch. Richelet. Paris, Techener, 1831, 4 ff. in-8. 7 fr.

Tiré à 15 exemplaires.

578. **Catalogue des Gentilshommes du Maine**, du Perche, et du Thimerais, qui ont pris part à l'élection des députés de 1789, par MM. L. de La Roque et Ed. de Barthélemy. Paris, Dentu, 1864, in-8, broch. 2 fr.

579. **Château (le) de Montsûrs** (Bas-Maine), par Tessier. Paris, Lanier, 1858. 2 fr.

580. **Clinchamp** (Gervais-Giancolet de). Notice sur cette famille. 2 ff. in-4.

Deux exemplaires.

581. **Confession (la) de la bonne femme.** Au Mans, Leloup, 3 ff. , broch. 2 fr. à la vente Miard.

582. **Création d'une première chanoinie d'honneur** héréditaire, pour Monseigneur le comte de Mailly, marquis d'Haucourt, dans l'église cathédrale de Perpignan, le 6 août 1758. Et procès-verbal de la prise de possession, le même jour. Perpignan, G. S. Le Comte, 1758, 11 pag. in-4, br.

583. **Déclaration du Roy**, du 23 septembre 1710, qui confirme les habitans du Mans, de la ville et fauxbourgs, dans l'exemtion du droit de franc-fief. Une feuille in-4.

584. **Description de la carte cénomanique.** Le Mans, 1673. Isambart, in-12, n. broch.

585. **Description du pays et comté du Maine,** auctore Matheo Ogerio. Une carte. Une feuille in-fol.

586. **Description topographique** et hydrographique du diocèse du Mans, Sarthe et Mayenne, par N. Desportes. Le Mans, Pesche, 1831, in-8, broch. 2 fr. 50.

587. **Description topographique** et industrielle du diocèse du Mans, suivie du Guide,... par N. Desportes. 2e édit^n. Le Mans, Pesche, 1838, in-12, broch.

588. **Description (Bibliographie du Maine précédée d'une)** topographique et hydrographique du diocèse du Mans (Sarthe et Mayenne) par N. Desportes. Le Mans, Pesche, 1844, in-8, dem. rel. maroq. rouge, fil. et tr. sup. dor. 7 fr. 50

589. **Dictionnaire topographique,** historique, généalogique, et bibliographique de la Province et du Diocèse du Mans, par M. Le Paige, chanoine de la cathédrale, dédié à Monsieur, frère du roi. Au Mans, chez Toutain, libraire, au Petit-Pont-Neuf. A Paris, chez Saugrain jeune, libraire, quai des Augustins,

1777, 2 vol. in-8, maroq. vert ant., fil., dos à pet fers, tr. dor. (Niedrée.) Tables manuscrites par Ch.-Raoul de Montesson. Prix 24 fr., reliure 80 fr. 104 fr.

590. — **Circulaire** à MM. les Curés, ou les Seigneurs de fiefs, au sujet du dictionnaire du Maine, par Le Paige. Signé : Le Paige, 1er juin 1767. Le Mans, chez Ysambart, 2 ff.

591. — **Table** par ordre alphabétique des noms de famille contenus dans le dictionnaire du Maine par Le Paige. Mss. en 2 tables par le comte Raoul de Montesson. In-8, dem. rel. mar. violet, fil., dos à pet. fers, tr. dor. (Duru.)

592. **Dictionnaire topographique**, historique et statistique de la Sarthe, par J.-R. Pesche, suivi d'une biographie et d'une bibliographie par N. Desportes. Le Mans, Monnoyer, et Paris, Bachelier, 1829, 7 vol. in-8, demi-rel. veau, fil. et tr. sup. dor., n. rog. 30 fr.

593. **Documents historiques** sur le Prieuré Conventuel de Châteaux-l'Hermitage, qualifié souvent d'ab-

baye dans les chartes. Ces documents sont tirés des archives de Roche-Mailly. Le Mans, Monnoyer, 1868. In-8, broché.

Envoi d'auteur ; une planche.

594. **Documents** pour servir à l'histoire du Maine, reproduits par un bibliophile sarthois. . . . . . Paris, Lanier, 5 ff. in-8.

595. **Du Prat.** — **Essai** sur la vie d'Antoine du Prat, Chancelier de France, archevêque de Sens, cardinal,... par le Marquis du Prat. Versailles, Dagneau, 1854. In-8, broch.

596. — **Généalogie historique**, anecdotique et critique de la Maison du Prat, par le Marquis du Prat, d'après les archives de la famille. Versailles, Dagneau, 1857. In-8, broch.

597. — **Généalogies (les)** du sieur Guillard ; suivies de : Examen et réfutation par le Marquis D*** (du

Prat). Paris, bureau du cabinet historique, 1861. In-8, broch. 5 fr.

Envoi d'auteur. — Guillard était un généalogiste pamphlétaire du XVIIe siècle qui avait répandu de petites calomnies sur les familles dont les descendants avaient rang à la cour ; c'est ce mss. que le marquis du Prat a publié avec des notes d'un esprit fin et délicat, rappelant les Mémoires apocryphes de la marquise de Créquy.

598. — **Histoire d'Elisabeth de Valois**, Reine d'Espagne (1545-68), par le Marquis du Prat. Paris, Techener, 1859. In 4, broch.

Envoi d'auteur.

599. — **Notes sur les tableaux** vendus, pillés, saccagés et sauvés, de mon pauvre vieux château de la Goupillière, par Mme du Prat, née Brillon. (Blois, août 1798.) Recueillies, réunies et publiées par le Marquis du Prat, son arrière petit-fils. Versailles, 1863. In-8.

Tiré à 100 exempaires. — Envoi d'auteur.

600. — **Trésor d'une mère**, extraits des lettres, et mémoires intimes du Marquis Antoine-Théodore du Prat, publié par Trébutien . . . .
Caen, Leblanc-Hardel, 1867. In-4, broch.

601. — **Vie d'Antoine du Prat**, chancelier de France, Archevêque de Sens, Légat *à latere*, par le Marquis du Prat. Paris, Techener, 1857. In-8, broch. Portrait du Chancelier, pap. vergé. 10 fr.

Tiré à petit nombre, non mis dans le commerce, comprenant un grand nombre de documents inédits.

602. **Église (l') du Mans** durant la Révolution; mémoires sur la persécution religieuse à la fin du XVIIIe siècle. Complément de l'*Histoire de l'Église du Mans* par le R. P. Dom Paul Piolin, Bénédictin de la Congrégation de France. Le Mans, Gallienne-Leguicheux, 1868-71. 4 tomes in-8, broch.

603. **Essai sur l'armoirial** de l'ancien Diocèse du Mans, par A. de Maude. Le Mans, Monnoyer, 1865. In-8, broch. Pl. de blasons. 5 fr.

604. **Essai sur l'armoirial** du Diocèse du Mans par Cauvin. 1834. In-12. 12 fr.

605. — **Suite à l'Essai sur l'armoirial** de l'ancien Diocèce du Mans, publié en 1840, par A. de Maude. Le Mans, Monnoyer, 1862. In-8.

606. **Étrennes de 1847.** — Scènes du Mans. Poësie. Paris, A. Siron. 4 ff. in-8.

607. **Études sur les dialectes** et les patois dans la langue française, et spécialement sur le dialecte et patois du Maine, par Henri Chardon. Le Mans, Monnoyer, 1868. In-8, broch.

Envoi d'auteur.

608. **Etudes sur l'histoire** et les monuments du département de la Sarthe, par Mr E. Hucher. Le Mans, Monnoyer, 1856. In-8, broch. 7 fr. 50.

609. **Extraits d'Annuaires** de la Province du Maine. In-12, n. broch.

610. **Histoire complète** de la Province du Maine, depuis les temps les plus reculés jusqu'à nos jours, par A. Lepelletier de la Sarthe. Paris, Palmé (Le Mans, Monnoyer), 1861. 2 vol. in-8, dem. rel. mar. bleu, fil. et tr. sup. dor., dos à pet. fers, n. rogné. 12 fr.

611. **Histoire de Sablé**; première partie, ... par Mr Ménage. Paris, Pierre Le Petit, 1683. In-fol., bas. 80 fr.

Rare.

612. — **Choses remarquables** arrivées à Sablé et aux environs de Sablé ou seconde partie de l'Histoire de Sablé. Mss. In-fol.

Avec avis de l'éditeur A. L. (Lanier); préparé pour la publication par le comte Raoul de Montesson.

613. **Histoire des Évesques du Mans** et de ce qui s'est passé de plus mémorable dans le diocèse pendant leur pontificat . . . . par Antoine Lecorvaisier. Paris, Cramoisy, 1648. In-4, basan. 60 fr.

614. — **Défense anticipée** de l'Histoire des Évesques du Mans par A. Le Corvaisier. Au Mans, Hiérôme-Ollivier, 1650. In-4, bas.

615. **Histoire littéraire du Maine** . . . . . . par Barthélemy Hauréau. Paris, Julien-Lanier, 1852. 1e éditn. . . . .

4 vol. in-8, dem.-rel. mar. vert, tr. sup. et fil. dor., dos à pet. fers. 20 fr.

616. **Institut des Provinces de France**. 2e série. Tome Ier, *Géographie ancienne du Diocèse du Mans*, par M. Th. Cauvin . . . . suivie d'un *Essai sur les monnaies du Maine*, par Mr E. Hucher. Imprimé au frais de Mr A. de Caumont. Paris, Derache (Le Mans, Gallienne), 1845. In-4, dem.-rel. mar., tr. dor. 30 fr.

— **Essai** sur les monnaies du Maine, à part. 3 fr. 50

616 *bis*. **Institut des Provinces de France**. Statuts. 1844. 3 ff. in-4, non cousu.

617. **Inventaire sommaire** des archives départementales antérieures à 1790. Sarthe. Archives civiles. Rédigé par MM. Lepelletier-Deslandes et Bellée, archivistes ; Moulard, archiviste adjoint. Tome Ier. Séries A-E. Le Mans, Monnoyer, 1867. 2 vol. in-fol., broch., 20 fr.

618. **Légende du Bouchet** écrite à la requête de Mademoiselle Ardéma (Arnoldine de Mailly). . . . . par Turki (Adrien de Mailly). Le Mans, Lanier, 1852. In-8, broch.

619. **Lettre du solitaire Philalite** à un de ses amis touchant le livre de l'invasion de la ville du Mans, par les religionnaires, en l'année 1562. In-8. (Delaunay.)

620. — **L'Invasion de la ville du Mans** par les religionnaires, en l'année mille-cinq-cens soixante-et-deux. Conversation par écrit à Mr D. R. A. C. ( )

. . . .

Au Mans, L. Peguineau, 1667. In-8.

621. — **Philalite confondu** ou le faux ami de la vérité, pour répondre au libelle de C. D. M. ( ) contre la relation des troubles de l'an mille-cinq-cens-soixante-et-deux, par d'Almérac, 1667. In-8. (Delaunay.)

622. — **Le Triomphe de sainte Scholastique** sur les religionnaires de la ville du Mans, en l'année mille-cinq-cens-soixante-deux . . . .

par Fr. Bondonnet, curé de Moulins. Au Mans, J.Ysambart, 1668. In 4. (Delaunay.)

623. **Liber Synodalis Episcopatus** et Diocesis Cenomanensis. Anno 1489, ff. Aij-Di.

— Dans la même brochure : — *Ci sont contenus les establissemens des Consiles* faits à Châsteau-Gonthier, l'an de grâce 1336, ff. Dij.

En mentionnant le concile de Châteaugontier, l'*Art de vérifier les dates* dit que chacun des pères y apposa son sceau particulier. Pierre Frérot, archevêque de Tours; Gui de Laval, évêque du Mans.

623 *bis*. **Luxembourg (Philip. de)**. Universis spi fidelibz presentes litteras Inspecturis et audituris Philippus de Luxemburgo dei et sancte sedis apostolice gratia Cenomañ epũs Salutem. In-8. Mss. vélin, enlumin. à la main, initiales, armes de Philippe de Luxembourg, 18 pag., rel. mar. (Simier.)

La première lettre datée de 1490, la deuxième, de 1550.

624. **Massacre occasionné au Mans** par le retour des députés. — Prise du Duc de Brissac, gouverneur

de Paris. — Mort du Maréchal de Mailly. Du Mans, le 26 juillet 1789. Paris, Volland, quai des Augustins. In-8, mar. noir, tr. dor. (Niedrée.)

625. **Mémoire** concernant la Province du Maine, 1699. Mss. in-fol., broch.

626. **Mémoires des Comtes du Maine,** par Pierre Trovïllart, sieur de Montferré, advocat au Mans. Imprimés au Mans, et se vendent à Paris, ch. J. Libert, r. Saint-Jean de Latran, devant le Collége Royal, 1643. Pet. in-12, mar. vert ant., fil., dos à pet. fers, tr. dor. (Duru.) 27 fr.

Rare.

627. **Mémoire** pour l'histoire de l'Abbaye de Saint-Vincent, par Dom Jean Colomb, de la Congrégation de Saint-Maur, né à Limoges le 12 novembre 1688. Mss. de 225 pag. in-fol., rel. en parch.

— Au commencement, note de R[t] de Montesson sur la réformation des ordres religieux; à la fin, note de l'Abbé Belin. 1752.

La bibliothèque du Mans possède un manuscrit in-fol. de 138 feuillets (nº 21 b.) de l'abbé Belin de Béru, qui contenait cinq parties ; la 1re était le mss. de Dom Colomb ; les

4 autres ont été données à la bibliothèque par Raoul de Montesson (*ex-libris*), sous le titre : « Notes historiques et critiques concernant le Maine et l'Anjou, extraites de diverses ouvrages imprimés ou mss., par L.-Fr. Belin de Béru, chanoine du Mans, antiquaire, historien, physicien, naturaliste, mort en 1782. »

628. **Mémoire** sur la température et la végétation de l'hiver de 1834 dans le département de la Sarthe, par Ch. Drouet. Au Mans, Fleuriot, 1834. Broch. in-8.

629. **Moreau (Jean), ou Morellus.** Nomenclatura seu legenda aurea pontificum Cœnomanorum, tam inter Sanctos relatorum, quam non relatorum.... — Ex vetustissimis Cathedralis ecclesiæ cœnomanensis codicibus et pallegiticiis in archivis prædictæ ecclesiæ diu reconditis in compendium fideliter congesta. . . . anno 1572. Mss. in-fol., parchem.

Jean Moreau, né à Laval, était chanoine du Mans, et docteur en théologie: son ouvrage, surtout en la partie qui concerne les évêques canonisés, est plein de fables : il a cependant été imprimé dans la collection des Bollandistes, au 16 avril. Je connais de ce ms. trois copies d'une écriture contemporaine à Jean Moreau : la 1re est à mon ami, M. Adolphe d'Espaulart, qui a bien voulu m'en laisser prendre cette autre copie; la 2e est à la Bibliothèque du Mans, et c'est sur elle que j'ai pris la pièce préliminaire intitulée Cenomanenses Episcopi; la 3e était à M. Lanier, libraire, et contenait à la fin des indulgences accordées par divers évêques du Mans en faveur de la cathédrale; j'en ai copié seulement quelques-unes qui terminent mon manuscrit. On m'a assuré qu'une autre copie, contemporaine aussi à Moreau, était à la Bibliothèque de Chartres. Quel est l'original ? (Note de Raoul de Motesson.)

629 *bis*. **Montesson (Raoul de)**. Épures de St-Cyr. En 1 atlas cart.

630. **Noëlz** par le Conte d'Alsinoys (Nicolas Denysot). — *Autres Noëlz* sur les chants de plusieurs belles chansons, notice par A. Lanier. ( )

. . . .

Furent achevez de réimprimer au Mans, par Lanier, imprimeur juré, le Xe jour du moys d'octobre l'an mil-huit-cens-quarante-et-sept. In-18, sur pap. de Hollande, en caractères gothiques et elzéviriens ; tiré à 50 exempl. 15 fr.

— *Le même*. N. br.

631. **Notice historique** sur la procession des Rameaux au Mans. Suivie de méditations et de prières pour les dix jours de l'exposition du Crucifix . . . . . . par L. A. (Laurent Albin) prêtre chanoine. Le Mans, Monnoyer, 1862, in-12, broch.

632. **Notice** sur la découverte de neuf tombeaux ou sarcophages en pierre, faite le 8 décembre 1841, dans la commune d'Allonnes, près le Mans, par Ch. Drouet. Le Mans, Monnoyer, 1842, broch. in-8. 1 planche.

633. **Notice** sur les aqueducs et les fontaines de la ville du Mans, trois parties et notes. Le Mans, Lanier, 1851, broch. in-8 . 0 fr. 75

634. **Observations** et remarques sur la Province du Maine, dont la plupart n'ont point encore été imprimées, par l'abbé Belin de Béru. 7 ff. in-fol., non broch., s. d.

Ensemble : *Observations de Monsieur Bondonnet de Parance*, sur les *Règles du droit français* dont Mr Poquet de Livonnière est l'autheur.

Idem : *Lettre écrite* à Messieurs du Corps de la ville d'Angers (d'Autichamp). Sign. Lucé. (Copie.)

635. **Portraits (les)** des hommes illustres de la Province du Maine. Le Mans, J. Ysambart, 1666. In-8. (Delaunay.)

636. **Pyrrhe**, tragédie de Luc Percheron, du pays du Maine (1592). In-12, imprim. sur peau vélin, chez Crapelet. Paris, 1845, mar. rouge comp., dos à pet. fers, tr. dor. (Bauzonnet-Trautz.)

L'un des deux exemplaires sur peau vélin de cette pièce curieuse, publiée à 16 exemplaires seulement, savoir : 2 sur vélin pour MM. de Clinchamp et de Montesson, 2 sur papier de Chine pour MM. de Fitz-James et le marquis de Coislin, 1 sur papier gris pour M. Ad. d'Espaulart, et 11 sur papier de Hollande pour MM. Ch. Brunet, Paulin Paris, baron Taylor, comte de Montesson, Aimé Martin, Viollet-le-Duc, Hauréau, Richelet, Paul Lacroix (bibliophile Jacob), Techener, et Lanier. Tous ces exemplaires contiennent un feuillet où se trouve imprimé le nom de la personne à laquelle chacun d'eux a été offert. Deux exemplaires en papier ordinaire ont été donnés l'un à la Bibliothèque du Mans, l'autre à M. de Battines. (Note de Raoul de Montesson.)

637. **Question d'État** pour les Poulardes de La Flèche contre celles du Mans . . . .
Paris, imprim. des sciences et arts, ventôse an IX. 7 ff. in-4, broch.

638. — **Les Poulardes du Mans,** contre les Dindons de La Flèche; ou réponse au précédent. Paris, Renaudière, veuve Guillaume, 5 germinal an IX. 6 ff. in-4, broch.

639. **Recherches historiques** sur Aubigné et Verneil (Maine), par F. Legeay. Le Mans, Lanier, 1857. In-12, broch. 5 fr.

640. **Recherches historiques** sur Coulongé Maine), par F. Legeay. Le Mans, Lanier, 1856. In-12, broch. 4 fr.

Epuisé, rare.

641. **Recherches historiques** sur Mayet et ses environs, par F. Legeay, Le Mans, Monnoyer, 1851. In-18, demi-rel. veau, fil. et tr. dor. 1 fr. 50

642. **Recherches historiques** sur Mayet (Maine), par F. Legeay. 2e éditn. Le Mans, Dehallais, 1859, 2 vol. in-12, broch., 7 fr.

643. **Recherches historiques** sur Sarcé (Maine), par F. Legeay. Le Mans, Lanier, 1856. In-12, broch. 3 fr.

644. **Recherches historiques** sur Vaas et Lavernat, par F. Legeay. Le Mans et Paris, Lanier, 1855. In-12, broch.

2 exemplaires à 2 fr. 50 l'un.

644 *bis*. **Le Guide du voyageur au Mans** et dans le département de la Sarthe, contenant 40,000 adresses de propriétaires, commerçants et industriels du département. Le Mans, 1861. In-12, broch. 5 fr.

Epuisé.

645. **Sénéchaux du Maine** et autres Officiers qui ont administré la justice dans la ville du Mans, depuis 1110 jusqu'à 1789. Paris, 1744. In-4, cart.

40 fr. Vente du chevalier de B***.

46. **Société française** pour la conservation et la description des monuments historiques. — *Archives historiques de la Sarthe,* ou résumé, depuis le 4

juin 1846, des travaux des membres de la subdivision du Mans. Le Mans Gallienne, 1848. 19 cahiers, grand in-8, n. broch.

1 planche.

647. **Statut synodal** du 2 mai 1600. Claude d'Angennes, évêque. 2 ff., n. broch.

648. **Stile du Palais-Royal** du Mans. Au Mans, Péguineau, 1662. In-8, cart.

649. **Troubles**, émeutes, et exécutions sanglantes qui ont eu lieu dans quelques cantons de la Province du Maine. — *Extrait d'une lettre* de Mamers du 24 juillet 1789. Au Palais-Royal, Paris, chez les marchands de nouveautés, imprimerie Grangé. Plaquette in-8, mar. noir, tr. dor. (Niédrée.)

650. **Vie de Monsieur Ragot**, prestre, curé du Crucifix, au Mans, décédé en odeur de sainteté le jeudy troizième may mil-six-cens-quatre-vingt-trois. Nouvelle édit^{n} avec une notice bibliographique. Le Mans, Lanier, 1853. In-8, broch.

651. **Vies (les) des évêques du Mans,** restituées et corrigées, avec plusieurs remarques sur la chronologie, par Dom Jean Bondonnet. Paris, Edme Martin, 1651. 2 vol. en 1 in-4, rel. veau. 25 fr.

CARTES CÉNOMANES

652. **Carte** du département de la Mayenne. — Château-Gonthier. Paris, Andriveau-Goujon, collée sur toile.

653. **Le Mans et ses environs**. Atlas de 4 cartes.

PROVINCES DE L'OUEST

654. **Archives de l'Ouest** (1789-1800). — Série A. Opérations électorales de 1789. — N° IV : Anjou, Maine, Berry, par Antonin Proust. Paris, Lacroix, 1868, in-8, broch. 1er fascicule. 5 fr.

655. **Armoirial du Vendômois**, par A. de Maude. Paris, Bachelin-Deflorenne, 1867. In-8, broch.

656. **Chronique de Parcé en Anjou**, écrites sur les marges d'un vieux missel par les curés de l'une des deux paroisses dudit Parcé. In-4, parchemin goth.

— *Transcription* manuscrite par le Comte Raoul de Montesson. 13 ff.

Inachevée.

La Bibliothèque du Mans (n° 151 des mss.) possède la transcription entière de la Chronique, avec la note suivante de M. Manceau : « Incipit : hoc est nostra cronica : Gau-« fredus comes fortissimus Andecavorum cognominatus fui « Grisagonella, etc.......................................
« In-fol. sur 118 pages, papier vergé ; copie exécutéet

« par M. Raoul de Montesson et donnée par lui à la Biblio-
« thèque du Mans. L'original de cette chronique se trouve
« sur les marges d'un ancien missel appartenant à M. de
« Montesson. Quant aux rédacteurs, voir ce qu'on lit à la
« page 46 de la copie — 30e feuillet de l'original et page 90
« — 60e feuillet avec les signatures autographes à la date
« de 1441. La chronique est ensuite rédigée par le curé
« Jacques Bustier jusqu'en 1590, puis par le curé Pierre
« Cointerel jusqu'en 1598, puis sans doute par leurs succes-
« seurs jusqu'en 1630, où elle s'arrête. » — A cette copie,
M. de Montesson a ajouté (page 183) : « Ce qui suit est ex-
« trait des Mémoires de Tallemant des Réaux (1re édit., t. III,
page 292, Constenan). »

La Bibliothèque du Mans possède aussi une copie de la traduction en français de la Chronique.

657. **Der Graefschap Blaisois Ende Berche Comte.** Auctore Joanne Temporio. In-fol. 1 feuille.

2 cartes.

658. **Histoire** des pays et Comté du Perche et Duché d'Alençon. . . . .
par Gilles Bry, sieur de la Clergerie. Paris, Pierre le Mur, 1620. In-4, parch.

659. — **Additions** aux recherches d'Alençon et du Perche . . . .
par G. Bry, sieur de la Clergerie. Paris, P. le Mur, 1621. In-4, parch.

660. **L'Ouest aux Croisades**, par H. de Fourmont. Nantes, Forest, Paris, Aubry, 1864. 3 vol. grand in-8, broch. 21 fr.

661. **Procès-verbal** des scéances de l'assemblée générale des trois Provinces de la Généralité de Tours, tenue à Tours le 12 novembre 1787. In-4, broch.

662. **Revue de l'Anjou** et du Maine, publiée sous les auspices du Conseil général de Maine-et-Loire et du Conseil municipal d'Angers. Angers, 1857-62. 10 v. compl., br.

663. **Visite** au Collège Royal de Caen, ancienne abbaye de Saint-Etienne, XIe siècle, par Mr Edom. Caen, Mancel, Paris, Hachette, 1829. In-8 broch.

Envoi d'auteur.

CARTES DE L'OUEST

664. **Carte de la France** par Ch. Picquet. — N° 63 : *Alençon.*

Collée sur toile.

RECUEILS, REVUES, DICTIONNAIRES

665. **Annuaire-Almanach** Didot-Bottin, année 1861, In-4, bas., fil. dor.

666. **Annuaire-Almanach** du commerce, de l'industrie
. . . .
ou almanach des 500,000 adresses. Didot-Bottin. 72e année. Didot, Paris, 1869. 2 vol. in-4, toile.

667. **Atlas** universel d'histoire et de géographie, contenant: 1° la chronologie, 2° la généalogie, 3° la géographie, par M. N. Bouillet. Paris, Hachette, 1865, in-

668. **Autographe** (l'). 2 années: 1863-64, et 1864-65. N. broch.

669. **Dictionnaire des Communes** de la France, précédé d'une introduction sur la France, par Ad. Joanne. Paris, Hachette, 1864. In

670. **Dictionnaire français** illustré, et encyclopédie universelle. Dupiney de Vorepierre. Paris, Michel Lévy, 1860. 2 vol. grand-4, demi-rel., coins en veau, tr. rouge, fil. dor.

671. **Dictionnaire mytho-hermétique.** . . . . . par D. Ant. Jos. Pernety, Congrégation de St-Maur. Paris, Bauche, 1758. In-8, bas.

672. **Dictionnaire universel** de la vie pratique à la ville et à la campagne, par G. Belèze, 3e édn, avec supplément. Paris, Hachette, 1867. In-8.

673. **Dictionnaire universel** des sciences, des lettres et arts, par Mr N. Bouillet. 2e éditn. Paris Hachette, 1855, In- .

674. **Dictionnaire universel** d'histoire et de géographie, par M. N. Bouillet. 2e éditn. Paris, Hachette, 1843. In- .

— **Supplément**, 1847.

— **Nouveau Supplément**, 1852.

675. **Encyclopédie de Roret.**

— **Bibliothéconomie**, ou nouveau manuel complet pour l'arrangement, la conservation, et l'administration des bibliothèques. Nouvelle édition, ornée de fig. par L. A. Constantin. Paris, 1841. In-18, dem.-rel., n. rogné. 3 fr.

676. — **Gnomonique** ou l'art de tracer les cadrans, par C. Boutereau. Paris, 1845.

677. — **Imprimerie**, par A. Frey. Paris, 1835. In-18.

678. — **Relieur** dans toutes ses parties, contenant les arts d'assembler, de satiner, de brocher et de dorer, par M. Seb. Lenormand. In-18, broch., orné de planches. 3 fr.

678 *a*. **Journal illustré**. Années 1864 et 1865. Rel. en 1 vol., demi-rel. chagr.

678 *b*. **L'Illustration.** Années 18 à 186 complètes. Rel. en vol., d. et c. mar. rouge.

679. **Répertoire universel** portatif d'Augustin Rouillé. Paris, Knapen, 1788. 2 vol. in-4, bas., fil.dor.

680. **Revue nobiliaire**, héraldique, et biographique, publiée par Bonneserre de St-Denis, et continuée par M. L. Sandret. Paris, Dumoulin, 1862.

Et suite complète.

681. **Revue rétrospective**, ou archives secrètes du dernier Gouvernement. 1830-48. Recueil non périodique, par J. Taschereau. Paris, Paulin, 1848. 31 livraisons en 1 vol. in-4.

682. **Un Million de faits**, aide-mémoire universel des sciences, des arts, et des lettres, par plusieurs auteurs, Paris, Dubochet, 1842. In-8, mar. vert., fil. dorés. 6 fr.

BIBLIOGRAPHIE

683. **Annales** de l'imprimerie elzévirienne . . . . par Ch. Picters. Gand, C. Annoot-Braeckman, **1851**. In-8, demi-rel., coins mar. bleu, tr. sup. dor., dos à à pet. fers, armes des Elzeviers coloriées.

684. **Auteurs** (les) **déguisés** de la littérature française au XIXe siècle; essai bibliographique pour servir de supplément aux recherches de Barbier sur les ouvrages pseudonymes, par J. M. Quérard. Paris, **1845**. In-8, broch.

685. **Baillet** (**Adrien**). — **Jugements des savans** sur les principaux ouvrages des auteurs; . . . . revus, etc. par La Monnoye. Paris, **1722**. 7 vol. in-**4**, v. gr.

686. — **Ménage** (**Gilles**). **L'Anti-Baillet**, ou critique du livre de Mr Baillet institulé *Jugemens des savans* avec les observations de M[r] de La Monnoye. Paris, 1730. In 4, v. gr.

687. **Bibliographie instructive**, ou traité de la connaissance des livres rares et singuliers . . . . par G.-F. de Bure, libraire de Paris. 1763. 7 vol. in-8, bas.

688. **Bibliothèque de poche**, par une société de gens lettres et d'érudits ; variétés curieuses et amusantes, des sciences, des lettres et des arts. Paris, Paulin, 1845. 10 vol. in-8.

689. **Bibliothèque historique** de la France. . . . par Jacques Lelong, prêtre de l'Oratoire. Nouvelle éd^{n} par Fevret de Fontette. Paris, J. Thomas Hérissant, 1768. 5 vol. in-fol. veau, tr. rouge, fil. dor.

690. **Bibliothèque prototypographique**, ou librairies des fils du Roi Jean . . . . par Barrois. Paris, Treuttel et Wurtz, 1830. In-4, broch.

691. **Bulletin du Bibliophile**. 1834-56. 21 vol. in-8, demi-rel., coins veau, fil. dor. 1842-43-44, broch. 1857-69, broch.

692. **Dictionnaire de géographie** ancienne et moderne, à l'usage du libraire et de l'amateur de livres, par un bibliophile. Paris, Didot.

15e livraison, Œniadæ.

693. **Dictionnaire** des ouvrages anonymes et pseudonymes . . . . par M. Barbier. 2e éditn. Paris, Barrois, 1822, 4 vol. in-8, demi-rel., coins mar. vert ant., fil. dor., portr. de Barbier.

694. **Dictionnaire** typographique, historique et critique, des livres rares, singuliers, estimés et recherchés en tous genres, par J. B. L. Osmont, libraire à Paris. Paris, chez Lacombe, 1768, 2 v. in-8, bas., tr. rouge.

695. **Dissertation** sur les bibliothèques; table alphabétique des dictionnaires . . . . Pet. in-8, veau, tr. fil. dor.

« *Ex-dono* authoris pro dño Belin canonico et archidia-
« cono Ecclesiæ Cenomanensis. »

696. **Essai** bibliographique sur les éditions des Elzevirs. Paris, F. Didot, 1822, in-8, demi-rel. mar. bl., fil. tr. dor., dos à p. fers (Delaunay), armes de Annotat[s] sur des pages interfoliées.

697. **Histoire** des livres populaires, ou de la littérature du colportage . . . .
par Ch. Nisard. 2e éditn. Paris, Dentu, 1864. 2 v. in-8, broch. 10 fr.

698. **Manuel du libraire** et de l'amateur de livres, contenant: 1° un nouveau dictionnaire bibliographique; 2° une table en forme de catalogue raisonné, par J.-Ch. Brunet. 5e éditn originale, entièrement refondue et augmentée d'un tiers par l'auteur. 6 v. in-8, d.-rel. mar. r., tête dor., n. rog., éditn épuisée. Paris, F. Didot, 1860-64. 250 fr.

699. **Mirouer** (le) du bibliophile parisien . . . .
par A. Bonnardot. Paris, Guiraudet, 1848. In-12, broch.

700. **Nodier**. — **Mélanges** tirés d'une petite bibliothèque, par Ch. Nodier. Paris, Crapelet, 1829. In-8, demi rel. mar. noir, n. rogn.

701. — **Questions** de littérature légale. Du Plagiat, par Ch. Nodier. 2e édn. Paris, Crapelet, 1828. In-8, demi-rel. mar. vert, non rogn.

702. **Notice** sur le plan de Paris de Jacq. Gomboust, publié pour la 1re fois en 1652, reproduit par la Société des bibliophiles français en 1858. Paris, Techener et Potier, 1858. In-8, demi-rel. veau, fil. tr. dor., dos à pet. f., n. rogn.

703. **Recherches** historiques, généalogiques, et bibliographiques sur les Elzeviers, par A. de Reume. Bruxelles, Ad. Wahlen, 1847, gr. in-8, broch.

CATALOGUES CLASSÉS PAR ANNÉES

704. — 1584. — **Premier volume** de la bibliothèque du sieur de la Croix du Maine ; sur la fin de ce livre, desseins et projects du sieur de la Croix (1583), discours de ses œuvres (1579). Paris, Abel l'Angelier, 1584, en 1 vol. in-fol., bas. 18 fr.

705. — 1682. — **Bibliotheca Heinsiana** sive catalogus, quos, magno studio, et sumtu, dum viveret, collegit vir illustris Nicolaus Heinsius, Dianielis filius ; in duas partes divisus. Lugdunum Batavorum, apud Johannem de Vivie, 1682. In-12, bas.

706. — 1731. — **La Bibliothèque** choisie de Mr Colomiès. Nouvelle éd^n^. Notes de MM. Bourdelot, de la Monnoye, et autres. Paris, veuve Florentin Delaulne, 1731. P. in-8, bas., tr. rouge 8 fr.

707. — 1753. — **Catalogue** des livres et estampes de feu Mr Brissart, secrétaire du Roi, fermier général. Paris G. de Bure, 1753.

Avec les prix.

708. — 1755. — **Catalogue** des livres de la bibliothèque de Mr l'abbé Delau, docteur et ancien professeur en théologie. Paris, Barrois, 1755. In-8, bas.

709. — 1769. — **Supplément** à la bibliothèque instructive. . . . .
ou catalogue des livres du cabinet de Mr L. J. Gaignat, par G. de Bure. Paris, 1769. 2 v. in-8, bas., tr. rouge.

710. — 1782. — **Catalogue** des livres du cabinet de feu Mr l'abbé Belin. Au Mans, Pivron, 1782. In-8, demi-rel. mar. vert, avec prix.

710 *bis* et *ter*. Le *même*, broché.

Deux exemplaires dont un avec prix.

711. — 1827. — **Catalogue** d'une partie de livres rares, singuliers et précieux dépendant de la bibliothèque de Mr Ch. Nodier . . . .
Paris, 1827. In-8, demi-rel. mar vert, fil. dor., non rogn.

Avec prix.

712. — 1836. — **Analectabiblion**, ou extraits critiques de divers livres tirés du cabinet du Marquis Du Roure. Paris, Techener, 1836. 2 vol.

713. — 1838. — **Catalogue** de la bibliothèque de Mr G. de Pixérécourt. Paris, Crozet, 1838. In-8, demi-rel. mar. rouge, fil. dor.

714. — 1839. — **Catalogue** des livres imprimés, manuscrits, estampes, dessins et cartes à jouer . . . . composant la bibliothèque de Mr C. Leber, avec des notes par le collecteur. Paris, Techener, 1839, 3 vol.

715. — 1843. — **Bibliothèque dramatique** de Mr de Soleine . . . .
catalogue rédigé par Jacob. Paris, 1843. 5 v., br.

Avec prix.

716. — 1844. — **Catalogue** raisonné par Ch. Nodier. Paris, Techener, 1844. In-8, demi-rel. mar. bleu, fil., tr. dor., dos à p. fers (Delaunay.)

Avec prix.

717. — 1845. — **Catalogue** de la précieuse bibliothèque de Mr L. Cailhava, de Lyon. Paris, 1845. In-8, demi-rel. mar. rouge, fil. dor.

Avec prix.

718. — **Catalogue** de la bibliothèque de Mr Pagin. Paris, Techener, 1845.

719. — **Catalogue** de la bibliothèque de Mr Colin. Paris, Techener, 1845.

Quelques prix.

720. — **Catalogue** de la bibliothèque de Mr Bordillon. Paris, Labitte, 1845.

721. — **Catalogue** de la bibliothèque de Mr C. L. G. Paris, Techener, 1845.

2 parties.

722. — **Catalogue** de la bibliothèque de Mr Belu de Troyes. Paris, 1845.

723. **Catalogue** de la bibliothèque de Mr Marsis. Paris, Techener, 1845.

724. — **Catalogue** de la bibliothèque de M. Ponce d'Autun. Paris, Techener, 1845.

Quelques prix.

725. —1846. — **Catalogue** de livres rares et précieux provenant de la bibliothèque de Mr le Prince d'Essling. Paris, Techener, 1846.

Prix à la main.

726. — **Catalogue** d'une bibliothèque provenant du cabinet de Mr de la Roche-Aymon. Paris, Techener, 1846.

Quelques prix.

727. — **Catalogue** de la bibliothèque de Mr Millot. Paris, Techener, 1846.

Avec prix.

728. — 1847. — **Catalogue** de livres rares et précieux

provenant de la bibliothèque de M[r] le Prince d'Essling. Paris, Techener, 1847.

Avec prix.

729. — **Catalogue** des livres composant la bibliothèque de M[r] le Marquis du Coislin. Paris, Potier, 1847,

Avec prix.

730. **Bibliothèque** de Mr Aimé Martin. Paris, Techener, 1847.

2 parties avec prix.

731. — **Catalogue** d'une très jolie petite bibliothèque d'un amateur de Paris. Techener, 1847.

Avec prix.

732. — **Catalogue** de livres de Mr J. L. Bourdillon. Paris, Tilliard, 1847.

Quelques prix.

733. — **Catalogue** de la bibliothèque de Mr Libri. Paris, 1847.

Avec prix.

734. — 1848. — **Catalogue** des livres rares et précieux composant la bibliothèque de Mr le Marquis du Roure. Paris, 1848.

Avec prix.

735. — **Catalogue** des livres de la bibliothèque de Mr M. J. de Bure. Paris. Tilliard, 1848.

736. — **Catalogue** of the exceedingly choice library of Mr B. Delessert. Paris, 1848.

Avec prix.

737. — **Catalogue** de livres de Mr de Lamberty. Paris, Potier, 1848.

Avec prix.

738. — 1849. — **Catalogue** d'Elzeviers et autres livres composant la bibliothèque de Mr E.-H.-J. Michau, Baron de Montaran. Paris, Delion, 1849.

739. — **Catalogue** de la bibliothèque de Mr Jérôme Bignon, Chimot, 1849.

740. — 1850. — **Catalogue** de la bibliothèque de Mr E. Baudeloque. Paris, Potier, 1850.

741. — 1851. — **Catalogue** de la bibliothèque de Mr le Maréchal Sébastiani. Paris, Delion, 1851.

742. — **Catalogue** de livres faisant partie de la bibliothèque de Mr de Monmerqué. Paris, Potier, 1851.

743. — 1852. — **Catalogue** de livres provenant des bibliothèque du Roi Louis-Philippe. Palais-Royal et Neuilly. Paris, Potier, 1852.

744. — 1853. — **Catalogue** de la bibliothèque de Mr J.-J. de Bure. Paris, Potier, 1853, in-8, demi-rel. mar. r., fil. dor.

Prix en marge.

745. — **Catalogue** d'une jolie collection de livres de la bibliothèque du comte Camerata. Paris, Potier, 1853.

746. — **Catalogue** de livres provenant du cabinet de M. A.-C. Paris. Techener, 1853.

Quelques prix.

747. — 1854. — **Catalogue** de la bibliothèque de M. A.-Aug. Renouard. Paris, Potier, in-8, demi-rel. mar. r., fil. dor.

748. — **Catalogue** de la bibliothèque d'un amateur, Mr L. T. (Léon Tripier). Paris, Potier.

749. — **Catalogue** de la bibliothèque et cabinet de M. Armand Bertin. Paris, Techener.

750. — **Catalogue** de la bibliothèque de Mr J.-L.-A. Coste. Paris, Potier.

751. — 1855. — **Catalogue** de la bibliothèque de M. Ch. Giraud. Paris, Potier.

752. — 1856. — **Catalogue** de la bibliothèque de Mr Parison. Paris, Labitte,

Avec prix.

753. — **Catalogue** des livres de M. G. Duplessis. Paris, Potier.

754. — 1857. — **Catalogue** de livres du cabinet de Mr le Marquis de Coislin. Paris, Techener.

2 exemplaires.

755. **Catalogue** de la bibliothèque de M. Libri. Paris, Tilliard.

756. — 1858. — **Catalogue** de la 1re partie de la bibliothèque de Mr le Marquis Costabili, de Ferrare. Paris. In-8, demi-rel. mar. bl., tr. dor.

Avec prix.

757. — **Catalogue** de la bibliothèque de Mr Bergeret. En 3 parties formant 2 vol. Paris, Techener.

758. — 1859. — **Catalogue** d'uue collection de livres rares et précieux en vente à la librairie Potier. Paris.

759. — **Catalogue** of the choicer portion of the magnificent library formed by M. Guglielmo Libri. London, Leigh, Sotheby. 1859.

Avec prix.

760. — **Catalogue** des livres de Mr Francisque Michel. Paris, François.

761. — 1860. — **Catalogue** de la bibliothèque de M. Félix Solar. Paris. In-8, demi-rel. veau, fil., tr. dor.

Avec prix.

762. — **Catalogue** des livres provenant du cabinet de Mr Max de Clinchamp (32 vol. seulement le reste à Mr Techener). Paris, Techener.

Avec une lettre de Mr Payen.

762 *bis*. — *Le même*, sans cette lettre.

763. — **Catalogue** de la bibliothèque de M. C. Leber. Paris, Potier.

764. — **Catalogue** de la bibliothèque de M. A. Veinant. 1re partie. Paris, Potier.

765. — **Catalogue** de la bibliothèque de Mr L.-R. D(u-rand de Lançon). Paris, Potier.

766. — **Catalogue** de la bibliothèque de Mr Ch. Sauvageot. Paris, Potier.

Avec une notice bibliographique par Leroux de Lyncy.

767. — 1861. — **Mélanges** curieux et anecdotiques tirés d'une collection de lettres autographes ayant appartenu à Mr F. Darcosse. Paris, Techener. Notes du collecteur, notice par Ch. Asselineau.

68. — **Catalogue** des livres de Mr A. Cigongne. Notice bibliographique par Leroux de Lincy. Paris, Potier.

769. — 1862. — **Catalogue** de la bibliothèque de Mr le Comte de la Bédoyère. En 2 parties. Paris, Potier, 1862. In-8, demi-rel. mar. vert, fil., tr. dor., dos à pet. fers.

770. — **Catalogue** de la bibliothèque de Mr L. Cailhava. Paris, Techener.

771. — **Catalogue** des livres de Mr Eug. P(iot). Paris, Potier.

772. — 1863. — **Catalogue** de la bibliothèque de Mr L. Double, Paris, Techener.

773. — **Catalogue** de la bibliothèque de Mr le Comte H. de Chaponay (de Lyon). Paris, Potier.

774. — **Catalogue** de la bibliothèque de Mr le Comte Alfred d'Auffay. Paris, Potier.

775. — **Catalogue** de la bibliothèque de M. H. De L(as-size). Paris, Potier.

776. — **Catalogue** de la bibliothèque de M. A. Veinant. 2e partie. Paris, Potier.

777. — **Catalogue** de la bibliothèque de Mr le Comte Archinto, de Milan. Paris, Potier.

778. — 1864. — **Catalogue** de la bibliothèque de M. A.-A. Renouard. Paris, Potier.

779. — **Catalogue** de la bibliothèque de M. Aertz, de Metz. Paris, Bachelin-Deflorenne.

780. — **Catalogue** de la bibliothèque de Mr A. de Puibusque. Paris, Potier.

781. — 1865. — **Catalogue** de la bibliothèque de Mr Chedeau, de Saumur. Paris, Potier.

2 exemplaires, dont un avec prix.

782. — 1866. — **Catalogue** de livres héraldiq., nobiliaires et généalogiq. Paris, Bachel.-Deflorenne.

783. — **Catalogue** des éditns et publications nouvelles de librairie Techener.

784. — **Catalogue** de la bibliothèque de M. P. Desq.( ) de Lyon. Paris, Potier.

785. — **Catalogue** de la bibliothèque de M. le Prince S. Radzivill. En 2 parties.

786. — **Catalogue** de la bibliothèque de Mr le Marquis Le Ver. Paris, Bachel.-Deflorenne.

787. — **Catalogue** de la bibliothèque de M^r le Chevalier de B(   ). Paris, Schlesinger.

788. — **Chartes**, documents historiques, titres nobiliaires, archives du collège héraldiq. de France. 2e partie, Normandie. Paris, Techener.

789. — 1867. — **Catalogue** de la bibliothèque de M^r le Marquis Le Ver. Paris, Bachel.-Deflorenne.

790. — **Catalogue** de la bibliothèq. de M. N. Yemeniz. Notice par Leroux de Lincy. Paris, Bachel.-Deflorenne.

2 exemplaires.

791. — 1868. — **Catalogue** de livres provenant de M^r le comte d'U(   ). Paris, Schlesinger.

792. — **Catalogue** de la bibliothèque de Mr L.-F.G. (   ). Paris, Potier.

793. — **Catalogue** de la 1re bibliothèque du Cardinal Mazarin, ou bibliothèque de M. G. Gancia. Paris, Bachel.-Deflorenne.

794. — **Catalogue** de de la bibliothèque de Mr Brunet. Paris, Potier.

795. — 1869. — **Catalogue** de la bibliothèq. de MM. ( ). Paris, Potier.

796. — **Catalogue** de la bibliothèque de Mr S.-G. (Germeau). Paris, Potier.

797. — **Catalogue** de la bibliothèque de Mr V. Luzarche, de Tours. Paris, Claudin. 2 vol.

798. — **Catalogue** de la bibliothèque de Mr le Comte H. de S. ( ), de Milan. Paris, Potier.

799. — **Catalogue** de la bibliothèque de Mr H.-G. ( ). Paris, Techener.

800. — **Catalogue** de la bibliothèque de Mr le Comte d'Haubersart. Paris, Potier.

801. — **Catalogue** du cabinet de Mr le Docteur Morelli. Paris, Charavay.

802. — **Catalogue** des bibliothèques de Mr Ad. d'Espaulart, et M. G.-R. ( ). Le Mans.

803. — **Catalogue** de la bibliothèque de Mr Ch. Burgnet de Bazas. Paris, Claudin.

804. — **Catalogue** de livres provenant du Duc de la Vallière, du Baron Pichon. Paris, Bachel.-Deflorenne.

805. — **Catalogue** de la bibliothèque de Mr le Baron J. P(ichon). Paris, Potier.

LE MANS. — TYPOGRAPHIE EDMOND MONNOYER.

www.ingramcontent.com/pod-product-compliance
Ingram Content Group UK Ltd.
Pitfield, Milton Keynes, MK11 3LW, UK
UKHW012027240726
13965UKWH00002B/626